이서영 작가

블로그로 첫 출근
ⓒ이서영 2024

초판 발행   2024년 3월 6일

지 은 이   이서영
펴 낸 이   이서영
기획 및 편집 김재석
디 자 인   솔아북스
인   쇄   디에스프린텍
마 케 팅   박장기
본 부 장   이익돈

펴 낸 곳   솔아북스 출판사
등록일자   2015년 9월 4일
신고번호   477-2015-000002호
주   소   순창군 복흥면 추령로 1746
연 락 처   010-5415-0736
이 메 일   ebluenote@daum.net

ISBN 979-11-986567-0-4

이책은 한국예술인복지재단 2023년 하반기 창작디딤돌사업의 지원을 받아 제작되었습니다.

15권 출간작가, 블로그로 경제적 자유를 찾아 떠나는 실전 입문기

Contents

작가의 말 / 내가 변해야 세상이 변한다 10

01 블로그 대문을 열다

· 아무것도 모른다 20
· 카카오스토리에서 블로그로 이사하다 21
· 블로그 월별 출근일지 23
· 찐 이웃들과의 댓글은 나를 성장시킨다 35
· 이웃 수를 어떻게 늘리지? 40
· 이웃들과 어떻게 소통하지? 43
· 가치지향 블로그 vs 수익지향 블로그 46
· N 잡러 시대 49
· 퍼스널 브랜딩의 시대 52
  - 퍼스널 브랜딩
  - 도서 전문 블로거
  - 예스이지 영어 회화 론칭
  - SNS 연계와 수익화 과정
· 솔아북스출판사를 통한 다양한 작가 배출 73
· 글쓰기 강사로 글쓰기 강좌 개최 78

02 블로그 글쓰기

· 블로그 글쓰기 88
· 전자책 내기 열풍 90
· 함께 책 내기 열풍 91
· 블로그 글쓰기의 특징들 94

- 가치형 vs 수익형 글쓰기
    가치형 : 일기처럼 삶을 기록하는 블로그
    수익형 : 정보와 관점으로 최적화 블로그 노출 시키기
- 수익형 글쓰기와 가치지향형 글쓰기는 패턴이 다르다
· 블로그 초보 글쓰기   99
    - 글감은 어떻게 찾을까?
    - 블로그 꾸미기
    - 나는 블로그 건물주다

03 서평단에 참여하다

· 가치지향 블로거의 첫 도전   106
    - 서평단 참여하기
    - 도서 서평 전문 카페를 만나다
· 책 선정 기준   108
· 지금까지의 독서와 차이를 두다   109
· 수많은 출판사와 인연을 맺다   110
    - 전문출판사의 책들
    - 자비 출판사의 책들
    - 솔아북스출판사는 자비 출판사
    - 자비 출판사의 장단점
· 공인으로서의 책   113
· 도서 전문 블로거   114
    - 다양한 책을 읽는 블로거
    - IT 시대를 읽는 블로거
    - 정신과 마음 성장 읽는 블로거
    - 해냄 출판사 서포터즈
    - 과시용 책들을 읽는 블로거
    - 영어/영문법 전문 서평 블로거

04 나의 글쓰기 비법

· 동신대학교 자서전 글쓰기 강좌를 열다   140
· 만다라 치유 글쓰기   144
· 만다라 글쓰기 진행 과정   147
  - 만다라 그림으로 성찰하기(내면 들여다보기)
  - 주제와 소재를 얽어매는 마인드맵 기법
  - 에세이 글 공략법 (수미쌍관법)
  - 마감 시간이 있어야 글은 완성된다.
· 한 권의 사람 책으로 태어나다   153
· 〈만만한 자서전 글쓰기 교실〉 강의 후기   157
· 국립도서관에 도착한 나의 책   163

05 레뷰 체험단을 통해 세상과 교류하다

· 레뷰 체험단을 통해 세상과 교류하다   168
· 맛집 투어 가는 인플루언서   172
· 수영장에 가는 인플루언서   179
· 플라잉 요가 하는 인플루언서   182
· 사진관 가는 인플루언서   184
· 안경점에 가는 인플루언서   187
· 숙박하는 인플루언서   190
· 새로운 세상이 열리다 (온라인을 통한 연계)   191

06 블로그 세상에서 만난 서로 이웃들

· 내가 만난 이웃들   196
· 이웃의 자격   198
· 다양한 이웃들의 성격   199

· 바람 같은 이웃과 찰떡 같은 이웃   200
· 초록은 동색이다   201
· 이웃은 나의 가족이며 스승이다   202

07 SNS를 결합한 수익화 도전기

· 애드센스 도전의 결과와 느낌   206
· 도서 인플루언서 도전하는 중   208
· 예스이지 영어 회화 론칭 (유튜브와 블로그)   210
· 60분 낭독하기 론칭   212

08 블로거로 산다는 것

· 경험을 통해 성장하는 지구별 여행자   220
· IT 세상에서 살아남기   221
· 감성과 이성의 조화가 만들어내는 세상   223
· 진정성 있는 블로거 이웃으로 살기   225
· 함께 성장하는 글로벌한 블로거들   227

글을 마치며/ 블로그를 성장의 도구로 활용하자   232
※**부록/** 이 책의 의미   236

■ 작가의 말

내가 변해야 세상이 변한다

　나는 날마다 블로그에 출근한다. 블로그는 내게 새로운 직장이다. 그곳에서 나는 '블루노트책방'을 열었다. 책방 문을 열고 들어간다. 그곳에는 5,000명이나 되는 나의 이웃들이 있고 내가 읽고 경험하고 느낀 것들이 그곳에 저장되어 있다. 이 다양한 아카이브를 이웃들은 시간과 공간의 제약을 받지 않고 언제든 어디에 있든 마음 내키는 시간에 들어와 어슬렁거리면서 천천히 산책할 수 있다. 이웃들의 시선과 관심이 곧 의미가 되고 가치가 되고 수익으로 연결된다. 우리가 모두 연결된 하나의 지체라는 사실을 깨닫지 않을 수 없다. 혼자서 존재할 수 없는 세상임을 온라인 세상은 여실히 보여준다.

　지금까지 나는 카카오스토리에서 10년을 살았다. 10년을 살면서 15권의 책을 썼고 많은 강의를 했다. 하지만 지금 나는 가진 게 없다. 코로나19 팬데믹 이후로 길을 잃었다. 일정한 수익이 발생해야 일상이 안정적일 텐데 그 많던 오프라인 강의가 사라져버렸으니 거의 멘붕 상태가 되었다.

2020년에서 2022년까지 나는 다양한 알바를 했다. 바로 한 해 전인 2019년 한 해는 군립도서관에서 야간 사서를 하면서 전국 강의를 다녔다. 한 달에 5,000킬로미터를 운전한 적도 있다. 나는 전국 강의를 직접 자동차를 운전하면서 다녔다. 동두천 영재교육원 강의를 위해서 6시간씩 12시간을 왕복 운행한 적도 있다. 강북 교육청에서 진행된 북 콘서트에도 운전하고 왕복했다. 서울, 용인, 마산, 진주, 부산, 대구 등 강의가 있으면 거의 대부분 운전하고 다녀서 10년 된 차는 35만 킬로미터 이상 주행해 고장이 잦아졌다. 나는 호기롭게 2020년 1월 31일, 군립도서관에 사직서를 제출하고 나왔다. 100여 개의 강의를 소화할 원대한 계획을 가지고….

그러나 2월이 되자 코로나19 팬데믹이 선포되었고 오프라인 강의는 바로 사라져버렸다. 토지주택공사 본사인 진주에서 진행될 예정이었던 강의를 위해 프로필을 보내고 강의안을 1만 자를 적어서 제출했다. 유튜브 동영상으로 강의를 한 자료도 제출했다. 그런데 이를 포함한 모든 강의가 멈춰버렸다. 그래서 2년 동안 생계를 위해 책도 아니고 인문 강의도 아닌 몸으로 하는 일들(농장 알바, 식당 알바 등)을 했다. 이 일들은 나를 놀라게 했다. 강의는 대개 1시간에서 2시간 진행되고 내가 받는 강의료는 50만 원에서 300만 원 사이에서 책정되었다. 공무원연수원, 교육청 같은 공공기관은 강의료가 적다고 생각했다. 하지만 몸으로 하는 일들을 하면서 일당이라는 것을 받아 보니 강의하면서 받았던 돈들이 얼마나 큰돈이었는지 절실히 깨달았다. 그렇게 2년을 보냈다. 코로나19 팬데믹이 해제되고 사람들이 점점 모임을 가지기 시작했다. 강의도 한두 개씩 살아났다. 하지만 이전과 같지는 않았다. 분당 토지주택공사 인문 강의도 17학기째 진행했는데 어느 순간 다른 강사로 대체되었는지 연락이 없었다. 듣기로는 삼성이나 현대 등 대기업 임원들이 퇴직하고 나서 다양한 강사 활동을 하기 위해 줄을 서고 있다는 말을 얼핏 들었던 기억이 났다. 특히 인문 강의는 들어도 그만, 안 들어도 그만일 수 있었다. 들으면 좋지만 안 들어도 사는 데 지장이 없다고 생각하기 때문이다. 안정적으로 그리고 지속적으로 수입을 만들어야 할 필요가 절실해졌다. 영어학원을 하고 과외를 하면서 지냈던 시간들이 떠올랐다. 내가 영어를 접고 책을 선택한 것은 영어만큼 책으로도 먹고살 자신이 있었기 때문이다. 하지만 조금씩 현실성 없는 생각이었구나를 깨닫는데 10년이 걸린 셈이다. 무언가 하지 않으면 안 되었다. 일상생활에 압박을 느끼면서 나는 내가 가진 자산으로 무엇을 할 수 있을지 진지하게 고민하기 시작했다.

 이제는 100세까지 살아야 할 위험한 시대가 되었다. 사람들은 장수가 꿈이라고 하지만 나는 오래 살고 싶지 않다. 하지만 평균 연령이 80세에서 90세가 다 되어가는 이 시대에 건강하다면 오래 살 수밖에 없는 시대가 되어 버렸다. 삶의 질이 떨어지는 상태에서 오래 산다는 것은 고통이다. 나는 무엇을 해서 경제적 자유를 얻어낼 수 있을까. 고민에 고민이 거듭되었다. 간헐적인 강의는 내 먹거리로 충분하지 않았다. 책은 이제 사람들의 뇌리에서 사라지고 있다. 소수의 사람들만이 책을 읽는다. 예전에는 글자를 알지 못해 지식이 소수에게만 집중되었고 그들이 권력의 중심에 있었지만 글자가 대중화되고 앎이 일상이 되어 버린 지금은 안다는 것과 산다는 것이 어떤 상관관계가 있는가에 대해 깊이 들여다보는 이들은 점점 소수가 되어간다. 이 세상에서 나의 몫은 무엇이고 나의 존재 이유는 무엇일까. 진지해지는 나를 발견했다.

 대안을 찾으며 인터넷 세상을 탐험하다 내가 발견한 곳은 네이버 블로그였다. 블로그는 신세계였다. 북적이는 신선함에 놀랐다. 참으로 다양한 분야의 사람들이 저마다 자기만의 색깔을 뽐내고 있었다. 이곳은 나이도 없고 성별도 없고 직업도 별 의미가 없다. 모두가 등가의 몫을 나누는 이웃이 된다. 많이 배웠는지 더 잘 났는지 돈을 많이 버는지가 중요하지 않다. 얼마나 소통할 수 있느냐, 나와 얼마나 감성이 맞느냐, 혹은 취미가 맞느냐, 혹은 지향이 맞느냐에 따라 자연스럽게 모둠이 이루어진다. 자발적이면서 능동적이고 적극적으로 소통하기만 하면 무엇이든 할 수 있고 누구든 만날 수 있는 살아 있는 장소이다. 나는 고민하기 시작했다. 내가 가진 것으로 어떻게 수익을 만들어 낼 수 있을까. 그래서 클래스101이나 클래스유 같은 공부하는 플랫폼을 통해 블로그를 공부하기 시작했다. 유투브도 함께 공부했다. 블로그와 유투브를 연계해 어떻게 하면 내가 가진 자산으로 수익을 만들어 낼 수 있을까에 대한 해답을 찾고 싶었다.

 가끔 여행 갈 때 타지를 가게 되면 우리는 정보를 검색하게 된다. 유명한 곳, 맛집 등을 검색할 때 우리는 다음Daum이나 네이버Naver의 도움을 받는다. 검색창에 우리가 원하는 곳을 적고 클릭하면 놀랄 만큼 다양한 정보들을 만날 수 있다. 그 정보의 보고가 바로 네이버 블로그였다. 모르는 지식을 검색할 때도, 단어를 검색할 때도, 맛집을 검색할 때도, 어느 도시의 인구수가 궁금해 검색할 때도 네이버의 블로그가 뜨면서 세세한 정보를 아낌없이 알려주는 것이다. 네이버에서 경제적 자유를 찾는 사람들도 눈에 많이 띄었다. 예전에는 관심이 없었던 사람들이 눈에 띄기 시작했다. '아, 10년 전에 내가 네이버 블로그에 관심을 가졌더라면 어땠을까', 하는 하나마나한 아쉬움이 들었다. 블로그는 나에게 관심 밖이었고 시작했을 때도 어쩔 수 없이 완수해야 하는 숙제였다. SNS를 잘 다루지 못했고 안 배워도 괜찮다고, 몰라도 사는 데 전혀 지장이 없다고 생각했다.

코로나19 팬데믹으로 오프라인 강의가 사라지자 그제서야 나는 SNS를 공부하기 시작했다. 시간이 많았기도 했지만 '오늘' 힘든 것을 '내일'까지 끌고 갈 수는 없었기 때문이다. 이미 세상은 온라인 세상으로 이전하고 있다. 노트북과 인터넷만 가능한 곳이면 할 수 있는 일들이 얼마나 많을지 깨닫기 시작했다. 오프라인 강의도 대부분 줌 등 온라인으로 옮겨갈 수밖에 없는 상황이 되어서야 나는 온라인으로 진입하기 위한 공부를 시작한 셈이다.

본격적으로 배우기 위해 '밤을 잊은 농부들'이라는 농업 기반 공부 모임에 가입했다. 김용근 교수님이 진행하는 강의였는데 달리 배울 곳을 찾지 못했던 나에게 이 강의는 참으로 귀했다. 나는 "저도 책 짓는 농사꾼입니다. 배우고 싶습니다!"라고 간곡한 마음으로 부탁해 허락을 받아 그곳에서 많은 것들을 배웠다. 그곳에서 배우는 분들은 대부분 농사짓는 분들이었다. 50대보다 60대 이상이 많았다. 컴퓨터를 자유롭게 다룰 수 있는 분들이 아니었다. 그러므로 강의 방식은 일방적으로 진행될 수밖에 없었다. 나는 기계치다. 무언가를 배우는데 시간이 많이 걸리는 편이다. 하지만 그렇게 더디 습득하는 과정을 통해 블로그를 만드는 법을 배웠고 유투브 동영상을 만드는 기본 법칙들을 배웠다. 페이스북에 가입했고 인스타그램에도 들어갔다. '미리 캔버스'를 다루는 법을 배웠다. 무엇 하나 쉬운 게 없었다. 내가 지금껏 사용했던 언어와는 완전히 다른 언어였기 때문이다. 나는 문학과 어학을 전공으로 평생을 살아왔다. 따라서 기계어를 다루거나 이해하는 것, 기계를 다루거나 새로운 방식의 프로그램들을 습득하는 데는 문학이나 어학을 이해하는 것과는 완전히 다른 세계였다. 나는 그 언어들을 습득하는 데 다른 사람들보다 몇 배의 노력을 더해야만 겨우 이해할 수 있었다. 일단 이해하고 나면 연습을 통해 숙련으로 넘어가는 과정은 누구보다 빠르게 진도를 뺄 수 있었지만 기계어를 배운다는 것은 참으로 나에게는 지난한 일이었다.

나는 컴퓨터를 다루는 데 불편함을 느낀다. 마음 안으로 기계를 좋아하지 않는다는 생각이 잠재의식 깊이 새겨져 있어 컴퓨터를 다뤄야 하고, SNS(대개 나의 주거지는 카카오스토리와 밴드, 그리고 카카오톡이었다)를 자유자재로 돌아다니면서 공부하고 배워야 한다는 사실은 늘 나에게는 버거운 일이었다. 하지만 이제는 아주 많은 부분들이 온라인으로 이전하고 있으며 최근에는 챗GPT 등 인공지능의 개발과 발전 속도가 너무 빨라서 배우지 않으면, 자유자재로 다루지 못하면 오프라인에서 머뭇거리다 온라인 세상에서 도태되어 사라져버릴지도 모른다는 조바심이 들었다. '밤을 잊은 농부들'에서 3년 정도를 공부하면서도 나는 과정을 따라가느라 버벅대었고 앞서가지 못했다. 박사과정 때문에 '밤을 잊은 농부들'에서 계속 공부할 수 없어 멈췄다. 그러다가 블로그를 다시 만나게 되었다. 공부할 때는 하루 1 포스팅 하는 것이 숙제였고 벌칙으로 날마다 포스팅을 해야 할 때는 고통스러웠다. 그러다 블로그를 새로운 시선으로 바라보게 된 나. 왜였을까?

늘 숙제였던 블로그는 그러므로 시작은 몇 년 전이었지만 비로소 진정한 마음으로 시작한 것은 2023년 5월 25일이다. 어느 정도 SNS의 구조를 파악하고 나서 시작된 5월 25일, 카카오스토리에서 블로그로의 이사는 나에게 커다란 터닝 포인트가 되었다. 나는 책 숲에서 사는 인문 작가다. 책 숲을 블로그로 옮기고 1일 1포스팅을 하기로 했다. 이전과는 다른 마음으로 포스팅을 했다. 이전까지는 습관적인 것이었다면 5월 25일부터는 '가치'와 '수익'을 합병하기 위한 작업이었다. 즉 목적을 가진 블로그 포스팅이 시작된 것이다. 며칠 이런 저런 일들로 하루 1책 독후감을 올리기 시작했다. 블로그는 가치지향과 수익지향의 두 축으로 크게 나뉘어 있다. 나는 지금까지의 독서를 기반으로 수익지향을 추구하고 싶어 블로그로 이사 왔다. 2023년 5월 25일부터 시작해 2024년 1월까지 8개월 동안 블로그에 출근해 내가 해 온 가치지향과 수익지향이 어느 정도 성과를 거두었는지를 조망하는 시간을 가져보기로 했다. 나는 블로그에 출근해 어느 만큼 걸어왔을까. 무엇을 배우고 무엇을 나누었을까. 블로그 8개월 동안 나는 무엇을 해왔고 앞으로 무엇을 할 예정인가. 어떤 결합을 통해 N잡러로서 생존할 수 있을까. 함께 고민해 보자.

도서전문블로거
블루노트책방 **이서영**

블로그, 책읽으며 매일 놀랍니다

블로그, 내 세상을 바꾸다

이서영 작가
15권 출간작가
북테라피스트
도서전문블로거
주소록 (blog.kyobobook.co.kr)

| 프롤로그 | 블로그 | 신간도서 | 일반도서 | 영어회화 | 리뷰(여행/맛집/계절) | | 안부 |

[나와 심리] 우리는 모... [37]
나, 그리고 너를 합하여 우리는 '우리'라는 표현을 씁니다. 우리는 서로 거울 같은 존재라고 해요. 나와 이...
2024. 2. 3

[나와 쉬운 영어회화] ... [47]
하이~에브리윈~^^ 영어회화를 쉽게 배우는 이지쉠과 함께하는 시간입니다. 주말이어서 하고 싶은 일들이 많으신...
2024. 2. 2

[나와 쉬운영어회화] ... [88]
하이-에브리윈~^^ 영어회화를 쉽게 배우는 에스이지영어쉠입니다아~^^ 저녁이 되었네요~^^ 오늘도 수고...
2024. 2. 2

[나와 영어회화] 이... [16]
하이~에브리윈~!^^ 영어회화를 쉽게 배우는 이지쉠과 함께하는 시간입니다.^^ 벌써 월요일 오후입니다. 편안한 시간 되고 계시죠?...
1시간 전

[나와 자기계발] 앤드.... [92]
오늘은 참 바쁜 하루였네요. 점심 식사는 해낙 지원장께지 하신 변호사님과 점심식사를 하였어요. 판사 생활을 ...
2024. 2. 2

[나와 쉬운 영어회화] [72]
하이~에브리윈~!^^ 오늘도 부지런한 판 짓 하네라 이제야 시간이 나네요, 하루 수고 많으셨습니다.~^^ 오...
2024. 2. 1

[나와 박물관] 청소년... [124]
'박물관이 살아 있다!'를 보면서 너무 재미있던 기억이 있다. 시골벽적힘에 생동감이 느껴진다. 실제로 박물관...
2024. 1. 31

최근댓글 ▲ | 이웃 블로거 ▼ | 활동정보

- [나와 영어회화] 이지쉠
- [나와 심리] 우리는 모두 _
- [나와 자기계발] 앤드오 _
- [나와 쉬운 영어회화] 이...
- [나와 쉬운영어회화] 이...

블로그 이웃 5,078 명
글 보내기 2 회
글 스크랩 24 회

→ 모두보기

이서영3bluenote
3bluenote ✏

책을 매개로 아름다운 시간들을 함께 나누고 싶습니다. 영어회화와 영문법을 나눕니다. 어떤 경험이든 우리를 성장시키는 동력이 될 것이라 믿습니다. 함께 나눠요.^^ #도서전문블로거 #북테라피스트 #마음생각 #에스이지영어회화 #언어·교육 #협업문의 ebluenote@hanmail.net

프로필 ›

— 블루노트 책방 첫 대문

01 블로그 대문을 열다

천재는 재능이 아니라 절망적인 상황이 만들어내는 돌파구이다.

- 사르트르

아무것도 모른다

　나에게 있어 블로그는 일상을 기록하고 책을 읽고 후기를 쓰는 용도로 사용되었다. 첫 시작은 SNS를 배우면서 2021년경에 시작했으나 본격적으로 블로그를 기반으로 삶의 터전을 옮겨야겠다고 생각한 것은 2023년 5월 25일이었다. 그러므로 나에게 블로그는 5월 25일이 첫날이다.

　일단 블로그를 정비하기 시작했다. 블로그 입구를 바꾸고 카테고리를 정리했다. 늘 책 숲에 살았으므로 나의 메인 카테고리는 '문학/책'이었다. 블로그 이웃들과 본격적으로 소통하기 시작했다. 5월 25일, 나의 이웃은 그동안 간헐적인 활동도 있어 500여 명이었다. 서로 이웃을 신청해 와도 바로 반응하지 않았다. 가끔 50명이 넘는 이웃 신청이 나를 기다리고 있었다. 그래도 신경쓰지 않았다. 하지만 본격적으로 움직이겠다고 작정한 뒤로는 '서로 이웃' 신청이 들어오면 바로 승낙하고 새 이웃의 블로그에 들어가 인사를 나눴다. 날마다 부지런히 '서로 이웃'을 신청하고 인사를 나누면서 소통하자 이웃들이 늘어나기 시작했다. 10월쯤 되자 이웃은 3,000명이 넘어섰다. 날마다 눈 맞추며 소통하는 찐 이웃들이 늘어났다. 나는

3,000명이 넘어서자 '서로 이웃' 신청을 멈췄다.

늘 '가치지향'의 영역에서만 살아왔기 때문에 '수익지향'을 위해서 무엇을 어떻게 해야 할지에 대한 마인드가 여전히 서지 않았음을 이제서야 깨닫는다. 하지만 준비한 자에게 기회는 온다. 기회는 앞머리는 있지만 뒤는 대머리여서 지나가고 나서 잡으려고 하면 미끄러워 잡히지 않는다고 한다. 늘 한 발 미리 걷기 위해서는 배우겠다는 자세, 새로운 것에 대한 두려움의 강도를 조금씩 낮추는 자세가 필요하다. 위기 속에 잠재되어 있는 기회 요인을 잡기 위해서는 부단히 깨어 있어야 함을 배우는 중이다.

카카오스토리에서 블로그로 이사하다

나는 2010년 10월에 카카오스토리를 시작으로 SNS에 입문했다. SNS는 Social Network System(혹은 Service)으로 오프라인에서 온라인으로 대화의 창구가 바뀌면서 등장한 네트워크 서비스라 할 수 있다. 제3차 산업혁명을 기점으로 컴퓨터가 등장하고 데스크탑에서 랩탑(노트북)으로 컴퓨터가 개인화되더니 휴대폰이 등장했다. 휴대폰은 곧 스마트폰으로 변신했고 이제는 서너 살 어린아이도 스마트폰 한 대쯤 가지고 있는 보편화된 인터넷 세상이 되었다. 당시 영어학원을 하고 있던 나는 실수로 휴대폰을 물속에 빠트렸고 수리비가 너무 많이 나온다는 말에 스마트폰으로 갈아타게 되었다. 스마트폰 세상으로 건너와 놀랐던 사실은 '유투브'라는 세상이 열려 음악을 원 없이 들을 수 있다는 것이었고 다른 하나는 '카카오스토리'라는 공간이었다.

당시에는 2,500자 정도 쓸 수 있는 공간이었는데 이게 나에게는 신세계였다. 날마다 읽는 책을 카카오스토리에 복기하면서 많은 이들과 공부를 나누게 되었다. 그렇게 카카오스토리는 나에게 많은 온라인 지인들을 만나게 해 주었고 이를 기반으로 책을 쓰고 강연을 요청받으면서 온라인 세상에서 기반을 다질 수 있었다. 시간이 흐르면서 페이스북이 생기고 인스타그램이 생겼다. 페이스북에도 가입하고 인스타그램에도 가입했다. 유투브도 가입해 한두 편씩 올리기 시작했다. 하지만 카카오스토리는 점점 사람들의 관심에서 멀어졌다. 페이스북을 하던 MZ세대들은 점점 인스타그램으로 이동하였다.

네이버 블로그는 한때 붐을 이루다 사그러드는 듯 느껴졌는데 어느 날 보니 수많은 사람들이 그곳에서 상주하며 자신만의 세계를 견고하게 구축하고 있었다. 나는 책 숲에서 사는 간서치인데 블로그에서 나누는 작업을 10년 동안 했다면 얼마나 성장했을까 생각하니 아쉬움이 매우 컸다. 늘 그렇지만 발 빠르게 움직이는 이들이 시대를 선도해 간다. 그들은 시대를 선도할 뿐만 아니라 경제적 자유도 누린다. 나는 경제적 자유에 대해 생각해 본 적이 거의 없다. 정신적 부자라면 경제적 부자가 아니라도 살아가는 데 무리가 없을 것이라 생각했다. 하지만 점점 사람들은 너무 오래 살 위험에 처하고 있다. 시대는 매우 빠른 속도로 변하고 있다. 이 빠른 속도에 발 맞추지 못하면 내가 가진 지식이 어디에 어떤 방식으로 가치 있게 쓰일 수 있을지 장담할 수 없는 세상이 도래해 버린 것이다. '늦었지만 늦은 게 아니다. 많은 이들이 블로그에 모여 있으니 나도 부지런히 움직여야겠구나' 하는 자각을 하면서 본격적인 블로그 이사가 시작되었다.

블로그 월별 출근일지

1. 5월 25일~5월 31일: 26개 포스팅

나의 5월 25일 첫 포스팅은 시간을 탐구하는 물리학자, 이탈리아의 카를로 로벨리였다. 그는 '시간은 흐르지 않는다'고 말해 우리들을 놀래켰다. 제2의 스티븐 호킹으로 평가받는 로벨리는 우리가 알고 있는 시간 개념, 즉 과거에서 현재, 현재에서 미래라는 선형적이고 연속적인 개념으로서의 시간이 아니라 시간은 흩어진 점에 불과하다는 놀라운 주장을 펼쳤다. 이 서평을 시작으로 7일 동안 나는 26개를 포스팅했다. 하루 평균 4개 포스팅이다. 6권의 책 서평, 5개의 사자성어, 8개의 영어 공부, 행사와 카페 등을 포스팅했다.

분석: 글자 포인트가 너무 작다. 좋아요는 20개에서 40개, 댓글은 5개에서 8개 정도 달렸다. 열정이 앞선다.

2. 6월 1일~6월 30일: 48개 포스팅

6월 첫 포스팅은 남원 지리산 바래봉에서 불명한 경험을 포스팅했다. 프롭테라피의 창안자인 원유훈 회장님의 〈척추건강혁명 프롭테라피〉 책을 만들기 위해 프롭테라피를 직접 체험해야 할 필요가 있었다. 솔아북스출판사 팀과 블루학당 멤버들이 모였다. 까만 밤하늘에 박힌 별들을 바라보면서 빠알간 불빛을 하염없이 바라보는 불멍은 환상이었다. 불꽃은 타닥타닥 타들어가며 소리를 냈고 재와 연기를 바람에 날렸다. 글밥은 적고 불꽃 사진들이 많다. 책은 10권, 시집 18권, 영어 2편, 4자 성어 5편, 서로 이웃 우주백수님의 이모티콘 첫 론칭을 축하하며 첫 구매자가 된 이야기를 담은 블로그, 일요일마다 새벽에 대전 갑천을 기록하시는 문성열 작가님의 사진을 기록한 블로그, 순창 카페 커피와 고추장 바자회 소식, 함평댁님 SRT 혼자 타고 분당까지 가는 미션에 관한 짜릿한 이야기, 6월의 짧은 명언 모음 등이 포스팅 되었다.

분석: 미리캔버스로 시 한 편씩 짧은 동영상을 만들어 올렸다. 글자 포인트를 다양하게 사용했다. 글그램과 미리캔버스를 사용해 일정한 형식으로 포스팅을 하기 시작했다. 작가와 제목을 선명하게 부각시켰다. 화면을 통일했다. 포스팅 내용과 부합하지 않는 그림을 사용하기도 했다. 같은 그림을 사용하면 유사이미지에 걸린다는 사실을 배웠다. 그래서 같은 사진을 활용할 경우 갤러리에서 다시 편집해서 사용하기 시작했다. 좋아요는 170개~200개, 댓글은 100개~120개

3. 7월 1일~7월 31일: 26개 포스팅

7월에는 파트타임을 했다. 말하자면 생존 알바. 전북도에서 지원

을 받은 적 있는 건물들을 디지털로 기록하는 과정에 필요한 자료 수집을 하는 파트타임이어서 순창, 임실, 김제, 무주 등을 다니며 실태조사를 하는 알바를 하느라 블로그를 열심히 하지 못했다. 더운 날들이 계속되었다. 국수를 삶아 오무닥닥한 그릇에 담아 점심을 함께 먹는 하늘빛정원에서의 함평댁님과의 일상, 정읍 행복소에서 에어비앤비를 하시는 심월구 호스트님과의 데이트, 무주 삼도봉 권역센터에서 전상호 위원장님을 만난 기록 등 7월은 다양한 삶의 이야기로 가득하다.

전상호 위원장님은 책을 좋아하셔서 가끔 대전서점까지 가서 두세 권 사오시는, 부지런하시면서도 선한 영혼이었다. 예고도 없이 찾아간 비 촉촉 내리는 날, 투덜거리시면서도 내가 혼자 기다리고 있을까 봐 사무장님을 먼저 보내시기도 했다. 처음 만나는 타인에게 이렇게 친절을 베풀 줄 아는 영혼이라면 품이 얼마나 넓을까 생각했다. 알바를 하기 위해 50여 군데 넘는 곳을 다니다 보면 더러 품성이 딱딱한 사람들을 만나기도 한다. 그러다 전 위원장님 같은 영혼을 만나면 가뭄에 단비처럼 고운 느낌에 안도감이 든다. 두 분께 〈생각을 바꾸는 한 권의 책의 힘〉과 〈그림으로 떠나는 인문학 여행〉을 선물로 드렸다. 행복해하셨다. 나도 행복했다. 7월의 인연이 지금도 계속된다. 언제는 옥수수를, 언제는 사과를 농사지었다며 보내주신다. 전 위원장님이 무주에 내려오신 이후에 도착한 귀농 귀촌인들은 가능하면 어려움이나 불편함 없이 지낼 수 있도록 최선을 다해 문제를 해결해내는 모습은 참으로 큰 귀감이다.

황미숙 동화작가님이 〈토끼화장실〉이라는 새 동화책을 내셨다.

순창신문 칼럼을 썼다. 순창군 귀농귀촌 복흥면 지부에서 방충망 봉사를 하러 오셨다. 함평댁님 행복해 입술이 귀에 걸렸다. 담양 정보스님 비건체험장 오픈식 정경이 행복하게 담겼다. 블로그 이웃인 '정이 가는 복숭아'를 주문하고 포스팅하고 또 선물도 받았다. 찐 이웃이시다. 책 8권, 시집 6권 포스팅했다. '블로그 잇님들의 한 주간 공부'도 정리해 포스팅했다.

'재능보다는 재능을 꽃피울 노력이 중요하다.'
'우리 뇌는 생각보다 단순하고 직관적이다.'
'자본주의 사회에서 편재는 내가 어떻게 다루느냐에 따라 결과가 달라진다. 명리학의 오묘함이 여기에 있다.'
'면역 효과란 욕을 먹을수록 무한 긍정 회로를 돌리는 것, 부정적인 정보를 받으면 긍정적인 자아를 강화하는 것.'

분석: 폐쇄적인 대표 사진 디자인을 책과 사람, 장소 등이 눈에 보이게, 글씨를 크고 선명하게 바꿨다. 제목과 저자 외에 질문을 던지거나 주제를 제시했다.
좋아요는 140개~ 150개, 댓글은 70개~100개

4. 8월 1일~ 8월 31일: 37개 포스팅

책 포스팅 36개, 심월구샘과 함평댁님과 아키올로지 카페에서의 한담. 말하자면 8월은 서평단 책 신청을 살짝 잘못하는 바람에 하루에 2책을 읽기도 해야 할 만큼 바쁘게 보냈다.
분석: 도서 인플루언서를 염두에 두고 책을 본격적으로 읽었다.

하지만 책을 많이 읽고 포스팅하는 것이 전부가 아니었다. 디자인이 중요하다. 단순히 책만 읽는 게 아니라 다양한 인테리어를 해야 한다. 아이템이 풍부한 자가 승리한다. 같은 반찬에 밥 먹으면 아무리 맛있어도 질린다. 시 감상도 하고, 한 주일, 한 달 서점 베스트 셀러도 알려주는 센스가 필요하다. 나는 8월에 이 사실을 알지 못했다. 그저 부지런히 책을 읽고 나누면 되는 줄 알았다. 개성이 중요하다. 나만의 개성을 보여줄 수 있어야 한다. 내가 아무리 100개의 보석을 가지고 있어도 누군가가 갖고 싶게 만들어야 진짜 보석이 된다. 나에게만 보석이 아니라 누구에게나 보석으로 보일 수 있어야 한다. 좋아요는 100~180개, 댓글은 50~120개

5. 9월 1일 ~ 9월 30일: 54개 포스팅

　책 39권 포스팅, 체험단 3군데, 함평댁님과 광주 남광주 시장 명호상회 투어, 8개의 인문학 상식, 9월 22일 광주 동운정 식당을 첫으로 체험단 참여 시작. 동운정은 동네 안에 있었다. 체험단에 처음 참여하는 날이라 마음이 설렜다. 식당은 매우 붐볐다. 2시간 이상 앉아 있으면 안 되는 곳이었다. 11시 30분에 도착했는데 체험단을 50군데쯤 다녀보니 11시 30분은 피크 타임이어서 가능하면 피해야 할 시간임을 나중에 알게 되었다. 다행히 젊은 여사장은 센스가 있었고 친절했다. 책 한 권 선물 주고 돌아왔다. 함평댁님은 이런 대접이 처음이었으므로 매우 신박한 표정이었고 행복해 하셨다.

　책은 다양하게 포스팅했다. 챗GPT도 공부하고 MBTI도 공부했다. 블로그가 아니었다면 서평단도 체험단도 불가능했을 것이다. 블로그가 준 선물이다. 서평단도 각 책마다 3명에서 5명, 많게는 9명 정도를 선정하는데 신청한다고 모두 받아들여지지 않는다. 경쟁자가 많기 때문이다. 나는 책 숲에 사는 간서치이고 책이 밥이기 때문에 출판사에서 1,000자를 원하지만 나는 4,000자 정도 쓴다. 알라딘, 교보 온라인 서점에 올리면 되지만 나는 내 SNS에 부지런히 올린다. 따라서 내가 원하는 책은 거의 서평단에 참여할 수 있었다.

　체험단도 처음에는 수십 군데를 신청해도 한 군데도 선정이 안 되었다. 뭐지, 이건? 이런 생각을 했는데 동운정이 덜컥 선정된 것이다. 동원정이 선정되자 이후로는 제법 신청하면 선정되는 기쁨을 누리고 있다. 9월 21일 첫 선정되고 지금까지 50곳을 체험했다. 욕심을 부리면 100곳도 가능하겠지만 책을 읽어야 하고 일상 생활을 운용해야 하고 강의도 나가야 하고 해야 할 일이 많아 조절하고 있다. 책을 위해 써야 할 글 작업이 몇 군데 있었다.

분석: 체험단은 처음이어서 행복했다. 서평단 조절을 못해 1일 1책이 아니라 1일 2책 하는 경우도 있어 시간 관리에 실패했다. 좋아요는 100~140개, 댓글은 50~100개

6. 10월 1일 ~ 10월 31일: 47개 포스팅

28책 포스팅, 체험단 19군데 포스팅, 올바른 국어 공부 2개 포스팅, 9월 독서 총정리 포스팅했다. 체험단을 19군데 다니느라 정신없

는 10월을 보냈다. 와중에 서평단 책들은 부지런히 도착했다. 도서관에 가서 3권씩 책을 빌려오기도 했다.

체험단 하느라 시간을 많이 할애했다. 다양한 체험을 할 수 있었다. 골프도 처음 배울 수 있었다. 두 곳 골프 스크린에 가서 기본 자세를 연습했다. 다양한 맛집 체험을 했다. 5미터 프리다이빙도 경험했다. 목포, 광주, 정읍에 다녀왔다. 사진관 투어도 했다. 인생 샷을 건졌다. 요가도 했다. 독특한 체험이었다. 함평댁님과 부안 스카이 펜션도 다녀왔다. 새벽에 일어나니 바다가 보인다. 행복해하셨다. 돌아오는 길에 새우젓도 사고 김도 샀다. 대표 사진 디자인을 겨자색으로 바꿨다. 책 서평 시 제목, 저자, 장르, 출간연도, 쪽수, 값을 표기했다. 주제를 제시했다.

분석: 다양한 체험을 했다. 블로그 대표 사진 이미지 수정 작업을 했다. 좋아요는 80~120개, 댓글은 60~100개

7. 11월 1일 ~ 11월 30일: 48개 포스팅

24책, 순창 신문 칼럼, 칼릴 지브란 시 한 편씩 12편, 체험단 9군데 다녀와 포스팅, 정읍 곤충 공방은 파워 블로거로 참여, 체험 후 포스팅까지 30만 원 유료 프로젝트 진행. 동신대학교 〈만만한 글쓰기 자서전 교실〉 시작, 책 만드는 프로젝트 시작, 올바른 국어 공부 2편 포스팅. 조정래 작가 〈황금종이〉 새 소설을 리뷰했다. 해냄출판사 서포터즈로 참여했다. 36기, 37기다. 지성과감성출판사는 메일로 서평단을 안내하기 시작했다. 지식과감성출판사의 책은 이제 선택적으로 서평단에 참여할 예정이다.

분석: 칼릴 지브란의 시를 유투브로 낭독하면서 블로그로 옮겨와 연계하는 작업 시작, 메인 사진 이미지 겨자색에 주황색 테두리를 두르는 것으로 교체, 안정감 있고 가시성 높도록 부단히 연습해 자리 잡을 수 있게 한다. 좋아요 100~120개, 댓글 50~80개

8. 12월 1일 ~ 12월 31일: 53개 포스팅

27책 포스팅, 법정 스님의 〈내가 사랑한 책들〉 속 50편 중 6편 낭독과 포스팅, 칼릴 지브란 시 낭독 및 유투브 4편, 체험단 7곳 포스팅, 예스이지 영어 회화 론칭 시작 및 유투브 론칭 9편.

분석: 새로운 도전을 많이 했다. 칼릴 지브란님의 시 낭독은 4분에서 40분까지였다. 이제 60분을 기본으로 오디오북을 시도하기로 한다. 법정 스님의 〈내가 사랑한 책들〉 낭독을 위해 문학의숲출판사에 전화하고 메일을 보냈다. 공식적으로 책읽어주는여자가 되었다. 출판사측에서도 환영하고 고맙다고 말했다. 적극적인 마케팅이 필요하다. 내가 먼저 제안할 수 있는 다양한 아이템을 개발한다. 유튜브 쇼츠에 '예스이지 영어 회화'를 드디어 론칭하기 시작했다. 쇼츠로 영어 회화 3문장씩 날마다 연습하고 문법은 유튜브를 통해 안내한다. 이렇게 쇼츠와 유투브와 블로그를 연계해 상승효과를 노린다. 인스타그램 릴스에도 예스이지 영어 회화를 올리기 시작했다. 수익화 과정을 위한 본격적인 시도를 시작했다. 좋아요는 80~120개, 답글은 50~80개

9. 1월 1일 ~ 1월 31일: 38개 포스팅

9책 포스팅과 유투브 연계, 예스이지 영어 회화 21편 포스팅과 유투브 연계, 체험단 3군데 다녀왔다. 예스이지 영어 회화를 본격적으로 쇼츠로 만들고 있다. 서로 이웃을 부지런히 했다. 5,000명을 채울 필요가 있었다. 새로 서로 이웃이 된 이웃들은 예스이지 영어 회화에 반응을 보이고 있다.

분석: 좋아요, 답글이 늘었다. 예스이지 영어 회화 포스팅에 점점 반응을 보인다. 회화의 특성상 반복하지 않으면 안 되기 때문에 유튭과 블로그를 연계한 것은 잘했다.
좋아요 160~250개, 답글 100~200개

10. 총분석 : 2023년 5월 25일부터 2024년 1월 31일까지

총 258일 동안 블로그에 전력 질주해 330편을 썼다. 하루 1개의 포스팅을 한다는 것은 쉬운 작업이 아니다. 하지만 하겠다고 작정하니 할 수 있었다. 집중해서 보니 조금씩 보인다. 달마다 조금씩 대표 사진 이미지를 바꿨다. 더 단순화하고 가시성을 확보할 필요가 있다. 벤치마킹을 더 열심히 한다. 다양한 아이템을 장착한다. 보여줄 것이 많아야 한다. 책 포스팅에서 영어 회화 포스팅으로 넘어가고 있다. 그렇다면 책과 영어 회화를 분리해야 한다. 두 개의 블로그로 분리하는 작업을 2월에는 진행한다.

영어 회화 블로그는 〈예스이지 영어 회화〉로, 책은 〈블로노트책방〉으로 분리하는 작업을 진행한다. '예스이지 영어 회화'는 점점 반복 학습하는 이웃들이 늘고 있고 자발적인 구독자가 되고 있다. 수익화를 위해 블로그에 '영어 회화 원데이 클래스'를 열 예정이다.

월별조회수(2023.5~2024.1)

    이 클래스가 활성화되면 10명, 20명, 30명, 50명 등으로 숫자를 늘리고 유료 강의를 론칭한다. 지금까지 연습한 영어회화로 일기를 쓸 수 있도록 안내한다. '소리 내어 말하는 원데이 클래스', '자기 소개, 사람들 앞에서 자신있게 연습하는 원데이 클래스', '문법 기초반', '문법 심화반', '영어 성경 해석 클래스' 등 다양한 프로그램으로 일회성 혹은 장기적인 계획을 세운다. 유투브와 쇼츠와 블로그와 인스타그램 등을 통해 〈예스이지 영어 회화〉를 널리 알리고 이를 기반으로 〈클래스101〉에 론칭한다. 〈블루노트책방〉은 책과 문학, 글쓰기로 집중한다. 〈글쓰기 원데이 클래스〉 등 다양한 글쓰기를 코칭한다. 〈자서전 글쓰기〉 론칭도 고려한다.

블로그 최적화에 관심을 가진다. 지금까지는 남의 강의는 듣되 적극적인 관심을 갖지 않았다. 꾸준한 일 방문자 이웃이 350명 가까이 된다. 이 숫자가 하루 1,000명은 넘어야 한다. 재방문율이 30%가 넘어야 한다. 자발적 활성화 조건들을 살펴서 지속적으로 업그레이드한다. 블로그가 직장이다. 내 직장의 퀄리티를 높이는 것이 내 몸값을 올리는 지름길이다.

찐 이웃들과의 댓글은 나를 성장시킨다

보통 내가 포스팅한 글에는 적게는 70여개, 많게는 150여개 이상의 댓글이 달린다. 나는 댓글에 감사를 표하며 찐 이웃들과 날마다 소통한다.

[나와 국부론] : 사회복지역사라는 강의를 들으면서 알게 된 국부론을 여기 포스팅에서 보게 될 줄은 몰랐어요. 너무 반가워서 포스팅을 보자마자 들어왔습니다! (gguma****님)

[나와 조르바] : 본능에 충실하며 삶을 살아가는 조르바 멋있어요! 리뷰 보니 책장에 있는 책 다시 꺼내 보고 싶네요. 글 잘 보고

갑니다! (박은*님)

　[나와 국부론] : 경제와 경영은 좀 다르지요. 이 책은 우리가 지금 받아들이고 있는 경영 쪽은 아니고 경제에 가까운 책입니다. 사실 경제 책도 아니지요. 정치 철학 쪽에 더 가까운 책이라 저는 보고 있네요. 결국 정치 문제 중에 가장 중요한 것은 분배의 룰을 정의하는 것이지요. 이를 둘러싸고 그렇게들 투쟁이 벌어지는 게 경제 현상이고요. 누군가는 경제에 왜 정치가 들어오냐고 말하는데 경제는 결코 경제 혼자 단독으로 있을 수 없으니까요. 좋은 책 오랜만에 잘 보고 갑니다. (FATM**님)

　[나와 예스이지 영어 회화] : 선생님! 저 영작이 돼요. 아하! 이렇게 하는 거였는데 그냥 무턱대고 외웠으니 모를 수밖에요. ㅋㅋ 아~~하 신기하네.. 선생님 저 자주 놀러와서 영어 배우도록 하겠습니다. 좋은 포스팅 올려주셔서 감사합니다.^^ (지예**님)

　[아빠가 아빠에게] : 너무 과찬이십니다. 저 살자고 바꾼 겁니다. ㅎㅎ 자식은 노력하지 않아도 당연히 따라주고 관계가 이어질 거라고 제가 큰 착각을 했음을 깨달았어요. 아이들에게는 '태어나보니 낯설고 무뚝뚝한 사람이 내 아빠네.' 같은 느낌이란 걸 알고서는 남보다 몇 배 노력해야 관계가 형성되고 진정한 아빠, 부모가 된다는 걸 다행히도 늦지 않게 깨달았습니다. 좋은 말씀 감사드립니다. (White**님)

　[무의식 글쓰기] : 헷~ 책을 읽고 글로 옮기면서 사소한 지식들이 쌓이고 쌓이는 느낌이 넘 기분 좋아요^^ 정말 의식과 무의식이 항상 좋으면 행복할 것 같아요. (지*님)

　[양모이 전자책 작가 데뷔] : 오 또 대단한 작품을 하나 쓰고 계시는군요. 이 작가님의 식지 않는 열정은 정말 대단하고 존경스럽습니

다. 마음껏 인용해 주세요. 써주시면 저야말로 영광이죠! 이 책 나오면 꼭 읽어보겠습니다. 너무 멋지십니다. 이 작가님. (양모*님)

[아무것도 아닌 것이 아닙니다] : 위로 감사해요. 서영 작가님의 일상이 편안하신 것 같아 제가 좋네요. 그냥 그렇게 보입니다~~^^ (산*님)

[버지니아 울프, 문장의 기억] : 정말 마지막까지도 자신이고 싶어 자살을 택한 걸까요? 알아볼수록 그녀의 책들을 꼭 읽어보고 싶어져요. (치와*님)

[블로그 글쓰기 100일] : 서영님도 5천 명을 향해 가고 계시는군요. 공감해요. 숫자가 달라졌을 뿐이니까요:) 앞으로는 진짜 저의 몫인 것 같습니다. 앞으로도 즐거운 블로그 생활 함께 해요.^^ (스텔라*님)

[나와 이지쌤] : 강의 듣는 느낌이에요! 오늘도 영어 한 문장 잘 배웠습니다^^ (햇빛쨍*님)

[예스이지 영어쌤] : 오~ 좋네요. 16번째 출판! 축하합니다. 지금까지 와디즈 펀딩만 이용했는데, 텀블벅도 한번 살펴봐야겠어요. 경제독립! 꼭 달성하시기를!~~ 저와 좋은 인연으로 만난 분들께 미력하나마 힘이 되고자 열심히 노력 중입니다^^ 올해는 하늘빛정원 갈 수 있기를~~^^ (포지션님*)

[잠자던 블로그로] : 오늘 강의를 들으시면 시야가 넓어질 것입니다.^^ (앤드오버님*)

[나와 쉬운 영어 회화] : I'm so proud to have wonderful neighbor like Seoyeong. (포지*님)

[그렇게 삶이 만들어진다] : 그분들은 대단하시네요. 꽉 차서 견딜 만한가 봅니다. ㅎㅎ 높은 곳이라 눈이 많이 와서 힘들지는 않은

가요? (정*님)

 [번역 공증] : 우아 긴 답글 감사합니다!! 콘텐츠를 늘려봐야겠어요. 생각보다 블로그가 쉽지 않은 거 같아요 ㅎㅎ 꾸준히 해 봐야겠습니다. 좋은 저녁 보내세요. 서영님! (헤일*님)

 [나와 인사동] : 와~ 멋지셔요! 전시하시는 거에요?! 전시회 후기도 꼭 올려주세요!! (책읽는 줄리아*님)

 [나와 한국인 튜터] : 멋있습니다 이지쌤!! 교습 방법도 훌륭하신 것 같고 목소리도 너무 좋습니다. 제가 영국 학생인 듯 영상을 다 보았네요. 대화할 수 있는 문장의 힘, 멋있는 말입니다. (단*님)

 [나와 예스이지쌤] : 맹렬한 기세의 추위가 따스한 햇살에 녹아납니다. 따스함, 참 위대합니다! 오늘도 습관처럼 생활영어!! 응원합니다!! (칼림*님)

 [나와 영어 회화] : be about to는 정말 모르면 당황하죠 ㅋㅋ I am about to read yours. 항상 유익한 영어 상식 공유해 주셔서 감사합니다~! (김재*님)

 - 영어 한 마디 중얼거려 보고 갑니다. 감사합니다! (연나*님)

 - 설명을 너무 쉽게 잘 하시네요. 영어 발음도 좋고, 좋은 글 잘 봤어요. 편안한 밤 보내세요~ (레몬**)

 - 퍼즐에 비유한 거~ 멋진데요^^ 덕분에 잘 알고 가요.(우아한 박*님)

 - 정말 영어는 자주자주 사용하는 게 중요한 것 같아요. 영어 포스팅도 최고입니다!! 좋은 밤 되세요! (지*님)

 - 오늘도 3문장 배웠습니다. 은근히 재밌습니다. 오늘도 수고 많이 하셨습니다. (하*님)

 - There are so many teachers who teach ENG but you

are one of the best! Hope you have a good one!-파*님 (영어를 가르치는 많은 매우 많은 선생님들이 있는데요, 이지쌤이 그 중 최고네요~)

이웃 증감수(2023.5~2024.1)

이웃 수를 어떻게 늘리지?

 블로그는 이웃 수가 중요하다. 이웃 수가 어느 정도 수준에 이르러야 다른 작업들과 연계가 가능하다. 유튜브가 '1인 방송국 시대'를 연 것처럼 블로그 또한 '1인 N잡러'를 꿈꾸는 많은 디지털 노마드들을 위해 맞춤한 공간이다. 자신만의 공간이 블로그인데 이 블로그 주소 하나만 있으면 얼마든지 많은 양의 정보와 질적인 정보를 공유할 수 있고 이웃을 맺은 다양한 블로그들을 통해 공부할 수 있고 소통할 수 있다.

 그렇다면 이웃을 어떻게 늘릴 수 있을까? 부지런히 '서로 이웃'을 신청하면 된다. 내게 인사를 건네는 블로거들에게 가서 '서로 이웃'을 신청한다. 이웃을 신청할 때 일정한 문구를 작성해 놓으면 유용하다. 예를 들어 나의 경우는 "책을 매개로 아름다운 시간을 나누고 싶습니다. 영어 회화와 영문법을 나눔합니다. 어떤 경험이든 우리를 성장시키는 동력이 되리라 믿습니다. 좋은 이웃이 되겠습니다."라고 써 놓았다. 이웃 신청을 하면 내가 쓴 인사 문구가 이웃에게 전달되고 이웃은 내 블로그에 와 보거나 신청한 문구를 읽고 '서로 이웃'을 허락한다.
 하루에 100명 정도 한도가 있어서 그 이상은 안 된다. 꾸준히 정성을 다하라는 의미로 받아들여졌다. 책을 준비하면서 이웃 수를 살펴보았다. '5,000명 이웃 수라는 상징적인 숫자가 중요하겠구나' 싶어 다시 서로 이웃을 신청하기 시작했다. 대개 책을 읽는 블로거들이 이웃 신청 1순위이지만 어떤 의미에서 보면 책을 읽는 블로거들도 참으로 다양하다. 폐쇄적인 블로거인 경우는 서로 이웃 신청을 받지 않는다. 그들은 자신의 감성과 일치하는 극소수와만 소통한다. 내밀한 대화를 원하고 자신의 블로그가 형식적인 인사로 채워지는 것을 원하지 않으며 깊은 소통을 원하기 때문일 것이다.

그들을 예외로 하고 맛집, 여행, 건강, 경제, IT, 정보성 글을 올리거나 신변잡기 등을 올리는 모든 이들이 이웃이 된다. 최근에는 책보다 영어 회화 포스팅이 폭발적으로 늘었는데 반응 또한 책을 포스팅할 때보다 좋다. 이유는 무엇일까? 생각하지 않아도 좋은 정보성 글이나 취미, 그리고 수익지향형 글 등에 마음을 더 주고 있다는 반증일 것이다. 꾸준히 '서로 이웃'을 신청하면서 그들의 블로그를 들여다볼 기회가 많아졌다. 나를 드러내는 글쓰기, 나를 성장시키는 글쓰기, 공감하기 위해 쓰는 글쓰기, 요식행위의 글쓰기, 내면 치유하는 글쓰기, 경제성장을 위한 글쓰기, 예술 작품에 대한 경험을 나누는 글쓰기, 여행, 맛집, 사진을 위한 글쓰기, 다양한 강사들의 글쓰기 등 내가 날마다 만나는 이웃들은 그 폭이나 깊이가 참으로 천차만별한데 이들은 모두 나의 스승 역할을 한다.

4,340명쯤 되었을 때 갑자기 '이웃 신청'이 '5,000명이 되었으므로 더 이상 이웃 신청을 할 수 없습니다.'라는 문구가 떴다. 하루를 고민했다. '내 이웃은 4,340명인데 어떻게 5,000명이어서 더 이상 친구 신청이 되지 않을까?' 하루 지나 답을 찾았다. 모바일에서 PC로 옮겨가 로그인을 한 뒤 내 블로그를 열었다. '관리'를 누르고 '이웃 신청'란을 클릭했다. 서로 이웃과 이웃, 그리고 내가 신청한 '서로 이웃'을 클릭해보았다. 거기에는 내가 신청했지만 신청을 받아주지 않아 잠자고 있는 이웃들이 수백 명이 있었다. 아하! 이렇게 해서 하나 더 배운다. 그들을 전부 소거한 뒤 다시 '서로 이웃'을 신청하니

그제야 '이웃 신청'이 승인된다. 며칠 뒤 다시 '5,000명이 되었으므로 더 이상 이웃 신청을 할 수 없습니다.'라는 문구가 뜬다. 이번에는 처음 경험이 아니어서 문제가 무엇인지 금세 찾아낼 수 있었다.

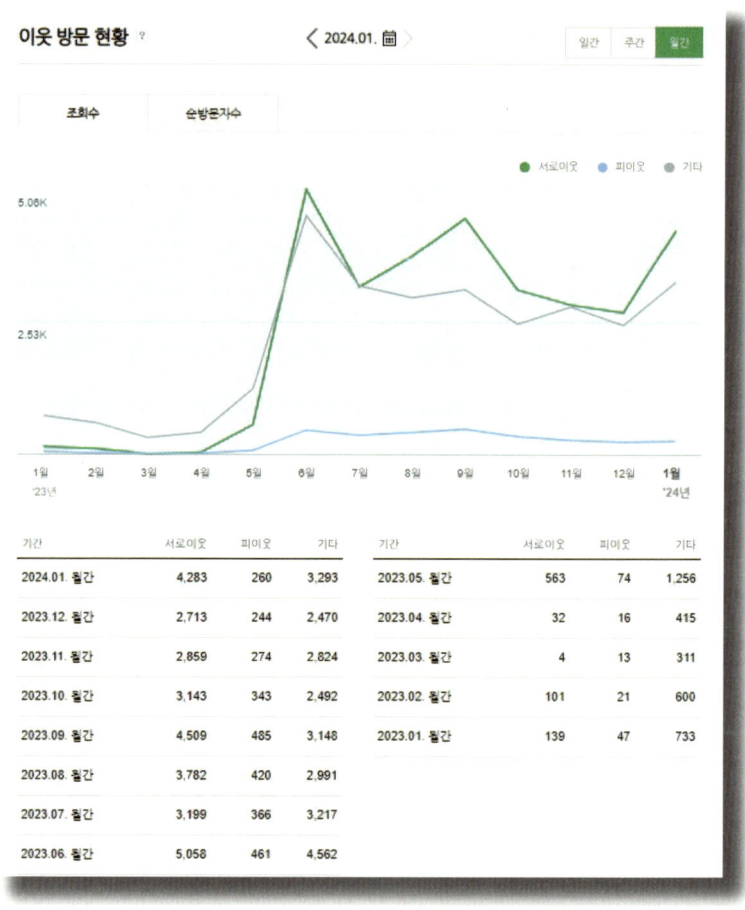

이웃 방문 현황(2023.5~2024.1)

그렇게 해서 나는 5,000명의 이웃을 만나게 되었다. 언제나 어디서나 문제는 늘 발생한다. 문제가 발생했을 때 하나하나 해결해 가면서 무엇이든 할 수 있다는 자신감, 그 생각이 우리를 다양한 세계로 안내한다. 어차피 이제는 인공지능이 워낙 빠른 속도로 발달하고 있으므로 문명의 틀 자체가 요동치고 있다. 무엇이든 새롭게 배우지 않으면 트렌드를 따라갈 수 없는 세상이 되었다. 배워야 한다. 적극적으로 배우고 소통해야 한다.

이웃들과 어떻게 소통하지?

  이웃들은 그 지향이 다양하다. 나처럼 책을 위주로 소통하는 이웃이 있는가 하면 경제, IT, 여행, 맛집, 그림, 음악, 언어, 교육, 자동차, 수리, 디자인 등 참으로 다양하다. 이웃들이 많다 보니 그들의 모습 또한 다양하다. 어떤 이웃은 화려한 문장을 만들어 무한 복사하여 이웃들에게 전달한다. 그들의 인사에는 유려함과 정보는 있을지 몰라도 소통의 내용이 부재하다. 대다수는 이런 습관적인 문구를 날마다 선물한다. 아예 소통 부재보다는 의미가 있겠다 싶지만 진정한 소통은 아니다. 블로그를 하다 보면 느끼지만 '좋아요' 숫자가 마음을 요동치게 할 때가 있다. ^^ '좋아요'가 많으면 기분이 좋은 것은 사실이다.
  어떤 이웃은 '무한 복사'해서 인사하는데도 그 이웃의 블로그에 가보면 내용은 없어 보이는데 '좋아요'는 수백 개가 넘는 모습을 보게 된다. '뭘까?' 고민한 적도 있었지만 이게 블로그의 하나의 패턴일 수 있다는 생각이 든다. 시간이 흐르면서 진정한 이웃들이 하나

둘 늘어나기 시작하면 이들이 나에게는 큰 재산이 되고 큰 동기부여가 된다. 앞으로 무엇을 하든지 나를 지지하고 격려해 줄 힘이 된다. 그러므로 관계와 소통에 정성을 다하는 '찐 이웃'들의 블로그에 자주 인사하고 공감해야 한다.

 '찐 이웃'들은 나를 성장시킨다. IT에 대해서도 배우고 블로그 글쓰기를 어떻게 해야 시선을 끌 수 있을 것인가도 배운다. 마음 들여다보는 방법도 배우고 소통하는 법도 배운다. 수익지향 글쓰기를 위해 무엇을 빼고 더해야 하는지도 배운다. 블로그는 온통 소통의 장이며 공부의 장이다. '평생학습 시대'임을 깨닫는다. 블로그라는 공간은 공부하는 공간이고 성장하는 공간이고 수익을 창출할 수도 있는 공간이다.

 그런 의미에서 '찐 이웃'이 아닌 이웃들, 단지 숫자를 채워주는 이외의 어떤 역할을 하는가, 라고 생각했던 이웃들에 대해서도 숙고하게 되었다. '그들의 소통 방법 중 하나겠구나' 하는 생각이 어느 날 문득 들었다. 우리는 우리가 가진 범주 안에서 생각하고 행동하게 되어 있다. 우리의 '앎'이 '삶'을 결정하는 것이다. '앎'이 제한적인데 어떻게 '삶'이 증폭될 수 있을까. 우리는 우리가 서 있는 그 자리에서 최선을 다하면서 산다. 이런 깨달음이 오면서 똑같은 문구를 복사해서 나르더라도 그들은 '행동'하고 있다는 사실이 크게 다가왔다.

 침묵하는 이웃들보다는 부지런히 같은 문구를 복사해 나르는 그들의 행위가 다른 결과를 갖게 하는구나. 블로그는 시간이 든다. 내게 방문한 이웃의 블로그에 가서 그들의 글을 읽고 답을 해줘야 한다. 이웃 수가 많아지면 점점 힘들어진다. 이웃 수가 많아도 그만큼 많은 사람들이 들어오는 것은 아니기 때문에 답글을 남긴 이웃은 소홀히 할 수 없는 귀한 존재들이다.

이 깨달음은 한참 시간이 지나서야 갖게 되었는데 이유는 나의 행동에 있었다. 나는 그들이 복사한 글들을 여기저기 다른 이웃들의 글에서 보면서 그들에게 반감이 생겼다. 뭐지? 이러려면 왜 소통하지? 이런 생각이 들면서 그들이 내 블로그에 와서 똑같은 말을 하고 가면 나는 그들에게 이모티콘으로만 답장했다. 답을 하려고 해도 할 수가 없다. 날마다 "이웃님, 오늘은 날씨가 좋아요. 늘 건강하고 행복한 하루 보내세요." 이렇게 말하는데 뭐라고 답할 수 있을까? 하지만 그렇지 않을 수도 있다는 생각을 하게 되자 그들의 행동 하나하나가 고맙다는 생각이 든다. 수천 명의 이웃들에게 모두 같은 말이라도 나눌 시간적 여유는 항상 부족하다. 그런데 그 많은 사람들 중 나를 선택했다. 그렇다면 얼마나 고마운 이웃인가? ^^ 그래서 지금은 정성을 다해 답글을 한다. 좋은 문장 하나라도 더 말해준다. 누군가는 그 문장 하나에 힘을 얻기도 할 테니까.

이 모든 것은 과정이므로 나의 마음은 수시로 바뀐다. 상황이 나를 가르치는 큰 스승이다. 어제 몰랐던 것을 오늘 알게 되면 나의 어제는 수정되어야 맞다. 그렇게 보이지 않게 조금씩 성장하는 중이다.

가치지향 블로그 vs 수익지향 블로그

블로그는 크게 '가치지향 블로그'와 '수익지향 블로그'로 나뉜다. 나는 가치를 지향하지만 블로그에 진입한 가장 큰 이유는 나의 가치로 수익을 지향하기 위해서다. 지금까지 15권의 책을 썼고 1만 권 정도를 읽었다. 그런데 그것을 수익으로 전환하지 못한 것은 나의 '생각' 때문이었다. 이것을 돈으로 환산해 본 적이, 적극적으로 그 부분에 대해 생각해 본 적이 없음을 깨달았다.

며칠 전 인사동에 전시회가 있어 부득이하게 이동하게 되었는데 퇴직하고 나주에 자리 잡은 작은오빠가 서울에 갈 일이 있다면서 자신이 운전할 테니 같이 가자고 제안했다. 어머니의 작품도 한 점 전시되었으므로 우리 셋은 함께 차를 타고 이동했다. 오랫동안 공사에서 근무한 작은오빠는 퇴직 후 새로운 일자리를 얻었다. 토지, 건축 관련 일을 하는 회사에서 일하게 되었다고 한다. 이제 몇 달이 지나 일머리가 잡혔단다. 그런데 놀랍게도 인문학적인 이야기는 한마디도 하지 않더란다. 삶에 관한, 생활에 관한, 세상에 관한 이야기는 나누지만 가치에 대한, 감성에 대한 이야기는 나눈 적이 없다는 것이다. 친구들에 관한 이야기도 했다. 중고등학교 동창에 관한 많은 이야기들 중 대부분이 경제적으로 풍족한 사람들에 관한 이야기였다. 자본주의 사회에서 돈이 많고 풍족하다는 것, 여유롭다는 것이 그들의 세계에서는 당연했는데 근 20여 년을 책 숲에서만 살아온 나에게는 뭔가 다른 세상 이야기였다.

이야기를 들으면서 나는 생각했다. '나는 어느 별에서 왔지? 지금까지 굶어 죽지 않고 산 것도 기적 중의 기적이구나. 내가 말하고 싶은 것, 소통하고 싶은 것을 충분히 전달하기 위해서는 공간이 필요하구나. 이런 공간의 자유, 시간의 자유를 획득하기 위해서는 경제적 자유가 선행되어야겠구나. 그렇다면 나는 내가 가진 것을 어떻게 환전할 수 있을까'.

고민에 고민을 거듭하고 있다. 고민하는 이유는? 대안을 찾기 위해서다. 생산적인 고민을 해야 한다. 답을 찾아야 한다. 답은 문제 안에 고스란히 다 들어 있음을 이제는 안다. 나는 내 문제를 다시 한번 들여다보고 또 들여다보았다.

블로그 세상으로 진입했을 때 놀란 것은 많은 청년 블로거들이 독서를 하고 있다는 사실이었다. 왜인지 한 달쯤 지나니 비로소 알게 되었는데 부자들이 독서를 통해 새로운 길을 찾았다는 사실이 그들에게 인식되어 있기 때문이었다. 최근에는 다양한 SNS들이 존재하고 그 SNS를 잘 활용해 젊은 나이에도 직장을 그만두고 경제적 자유를 누리게 된 사람들이 많아지고 있다. 통계에도 반영되듯이 요즘은 40대 부자들이 많아지고 있다.

요즘 청년들은 아주 큰 부자를 바라지도 않는다. 그들에게 중요한 것은 경제적 유연성이다. '하고 싶지 않은 일'은 하지 않고 '하고 싶은 일을 선택'할 수 있는 권리를 확보하고 싶은 것이다. 생계를 위해 어쩔 수 없이 일해야 한다면 그것은 장기적으로 한 인간에게 고통이다. 대부분의 사람들은 어쩔 수 없이 일하는 경우에 속할 것이다. 노동 선택권을 키울 수 있는 힘을 키우기 위해 젊은 블로거들은 블로그에서 경제 공부를 하고, SNS를 활용해 어떻게 경제적 자유를 획득할 것인가에 대해 열심히 공부하고 있었다. 주식, 아파트, 연금, 채권 등에 대해 꾸준히 공부하며 인문학적 지식도 꾸준히 쌓아가고 있었다. 그러다 보니 이러한 정보들을 선점하여 이를 가르치고 안내하는 새로운 직종들이 활발하게 인기를 얻는다. 대박 부자가 되고 싶은 사람들은 이러한 설명회가 있으면 적극적으로 몰려가 소통한다.

나도 3시간 강의를 들어 본 적이 있다. IT가 대세가 되어 가는 상황에 적극적으로 배워서 적용해야 한다는 이 강의는 유투브나 인스타그램에 동영상이나 쇼츠를 만들어내는 기법과 방향을 안내하는 데 '6번 강의에 300만 원'을 제시했다. 그런데 300만 원 강의를 1회차만 모집하는 데도 20명이 몰렸단다. 그렇다면 단순 계산해도 6,000만 원이다. 이 강사는 이런 방식으로 강의하면 쉽게 돈을 벌 수 있다는 사실을 우리에게 알려줬다. 무료 강의 3시간 동안 자신들의 본격 강의를 들으면 어떻게 쉽게 빠른 속도로 부자가 될 것인지 꾸준히 이야기했다. 마치 그 강의를 듣지 않으면 절대 다른 길을 찾을 수 없는 것처럼 말이다.

이 강의를 들으면서 내가 반성한 부분은 이들은 자신들이 가지고 있는 재능을 십분 혹은 이백 분 활용하여 그 이상의 가치를 돈으로 환산하고 있다. 나는 그렇다면 무엇을 활용해 그것을 돈으로 환산하게 만들 수 있을까.

N잡러 시대

　소위 'N잡러'의 세상이다. 이제는 한 직장에서 수십 년 근무한다는 생각을 하는 사람은 거의 없다. 어떻게든 빠른 시간 안에 소득을 자유화해서 빠른 속도로 경제 자유를 획득하는 것이 청년들의 목표가 되었다. 하지만 이것은 비단 청년들의 것만은 아니다. 이제 100세 시대가 되었기 때문이다. '60세에 환갑잔치를 치른다'는 말은 이제는 박제가 된 표현이다. 60세면 참으로 활동적인 나이다.

　1920년에 지구별에 도착한 철학자 김형석 교수도 말했다. 자신의 삶에 최고의 전성기는 '60세에서 75세'였다고. 말하자면 우리 대부분은 아직 인생의 전성기에 도달하지 못한 새파란 청춘이다. 하지만 많은 이들이 21세기를 살면서 20세기적 사고방식으로 살아가고 있음을 곳곳에서 발견할 수 있다. 이들은 60세에 퇴직하는 순간부터 늙어가기 시작한다. 자신이 늙었다고 생각한다. 한 라운드가 끝났을 뿐 새로운 라운드가 시작되고 있음을 깨닫지 못하는 이들이 참으로 많다. 그래서 그들은 새로운 트렌드에 관심이 없다. 트렌드에 관심이 없으니 새로운 것에 대한 호기심이 생겨날 리 없다. 그들은 이제 60대에 접어들었지만 100세 넘은 노인들의 사고방식으로 살아가는 미래 없는 존재들 같다. 아, 놀랍게도 이런 이들이 적지 않다.

　2023년 12월 기준으로 발표한 통계청의 자료에 따르며 65세 이상 인구 비율이 40%가 넘는 기초 지자체는 의성, 청도, 청송, 영덕, 영영, 봉화, 군위, 합천, 남해, 의령, 산청, 고흥, 보성, 함평, 서천 등이다. 놀랍지 않은가? 인구 소멸지역도 늘어가는 추세이지만 보유 인구 중 65세 이상이 40%인 지자체가 이렇게 많다는 의미는 결국 대한민국이 늙어가고 있다는 반증이다. 그렇지만 늙어가는 그대로 보고 있어야만 할까? 평균 연령이 86세에서 90세가 되어 버린 놀라운 세상에서 이제 우리는 살고 있다. 새롭게 배우지 않으면 안 된다. 그것도 IT에 대한, SNS에 대한 배움을 시작하지 않으면 곧 도래할 4차 혁명이 본격화될 시대에는 사람 구실조차 제대로 못할 지도 모른다. 육체적 건강과 경제적 자유, 그리고 정신적 풍요로움으로 가득한 세상으로 만들어가야 할 몫이 우리 모두에게 주어져 있다.

'N'이란 '두 개 이상의 복수'를 뜻한다. 'job'은 직업이다. 'er'은 '사람'을 뜻한다. 이 단어들이 합하여 'N잡러'라는 말이 생겨났다. 다양한 직업을 지닌 사람을 뜻한다. 말 그대로 부업의 개념이 아니라 본업의 개념이다. 그래서 'N잡러'는 한 곳에 고정되어 있지 않고 다양한 분야에서 활동하는 사람이다. 요즘에는 디지털 노마드들이 많아지고 있다. 특히 20대, 30대들은 IT를 다루는 데 능숙하므로 노트북과 인터넷만 있으면 장소에 상관없이 여러 가지 일을 할 수 있는 이들이 많다. 요즘 대세 직업으로 떠오른 유튜버를 생각해 보자. 초기에는 유튜버를 직업이라고 생각한 사람들은 거의 없었다. 어쩌면 한심하다고도 생각했을지 모른다. "그게 어떻게 직업이 될 수 있겠어?!"

하지만 이제 10대들의 꿈은 '유튜버'이다. 유튜버가 대세가 되자 콘텐츠를 제작하고 방송을 통해 수익을 만들어내는 창작자들이 대량 생산되기 시작했다. 소셜 미디어가 대세가 되었으므로 블로그의 경우에도 상위 노출 방법을 알려주는 블로그 마케팅, 블로그 대행, 블로그 마케팅 대행사들도 우후죽순으로 생겨나고 있다. 발 빠르게 변화에 대처해 나가는 이들을 보면 참으로 대단하다는 생각이 든다. 이웃을 조금씩 늘려나가면서 블로그 포스팅을 하면 애드 포스트에 '블로그 이웃을 늘려주겠다'는 광고도 많아졌다. 이웃을 늘리는 것보다 중요한 것은 이웃들과의 소통이다. 소통이 전제되지 않은 블로그 이웃 늘리기는 별 의미가 없다. 하지만 5,000명 이웃이 커다란 상징이라도 되는 것처럼 마케터들은 이를 활용하고 있다.

디지털 마케터도 새로운 직종이 되었다. 이들은 블로그, 인스타그램, 이메일, 페이스 북 등 다양한 디지털 채널을 활용해 타깃을 확실히 잡아 마케팅을 할 수 있도록 기획하고 실행하는 업무를 대행해 준다. 이 또한 장소와 상관없이 노트북과 인터넷만 있으면 된다. 물리적인 사무실 같은 건물 자체가 필요 없는 시대가 도래했고 이것이 자연스럽게 통용되는 시대가 되었다.

블로그를 들여다보면 오프라인 창업, 마케팅, 브랜딩, 온라인 쇼핑몰 창업 등 다양한 영역의 코칭 서비스가 있다. 독서 코칭도 인기다. '어떻게 하면 블로그 글을 손쉽게 쓸 수 있을까? 이렇게 쓰면 된다.' 등 이들은 블로그를 통해 오픈 카톡 방에 사람들을 불러 모으고 코칭하고 코칭 상품들을 판매한다. 나의 경우라면 글쓰기 코칭이 가능할 것이다. 영어 회화 론칭도 가능하다. 문제는 이를 어떻게 체계화할 것인가. 얼만큼 꾸준히 진행할 수 있을 것인가. 어떤 프로그램으로 관심을 가진 이들을 끌어모을 수 있을 것인가 하는 것이다. 글쓰기를 책으로 전환시키는 과정 등도 고민하는 중이다.

퍼스널 브랜딩의 시대

[퍼스널 브랜딩]

퍼스널 브랜딩이란 'Personal Branding'을 의미한다. 개개인 자체를 브랜드로 만들 수 있는 시대가 되었다. 자신의 스킬, 경험, 가치관, 스타일 등을 강조하고 이를 통해 자신만의 독특한 이미지를 구축하고 이를 브랜드화하는 것이다. SNS의 발달로 이제는 나의 개성을 적극적으로 알리고 상품화할 수 있는 시대가 된 것이다. 단지 TV 속에 나오는 연예인들 뿐 아니라 누구나 엔터테이너가 될 수 있는 놀라운 시대가 왔다. 왜곡 없는 솔직한 자기 표현과 일관성 있는 개성적인 이미지를 통해 다른 사람들과의 연결성을 강화하려는 노력이 퍼스널 브랜딩을 통해 나타난다.

퍼스널 브랜딩이 이처럼 자연스러운 추세로 부상하는 이유가 있다. 소셜 미디어, 블로그, 온라인 포트폴리오 등 디지털 플랫폼이 다양하고 신속하게 확장되고 있으므로 나 자신을 브랜딩하고 전파하기가 쉬워졌다. 또한 취업 시장 경쟁은 날로 어려워지고 있어서 나 자신의 독특한 가치를 보여줌으로써 재화를 획득할 수 있는 퍼스널 브랜딩에 주목할 수밖에 없는 구조이기도 하다. 또한 이러한 퍼스널 브랜딩이 성공하면 기업 또한 이를 활용하기에 이르렀다. 이제는 시공간의 제약없이 인터넷과 노트북, 휴대폰만으로도 어디서든 소통하고 정보를 공유할 수 있으므로 자신만의 목소리를 내는 것이 더 쉬워지고 있다. 내가 얼만큼 노력하느냐에 따라 얼마든지 1인 기업이 될 수 있는 시대에 우리는 살고 있다. 나만의 가치를 올리는 일, 나의 장점과 자산은 무엇인지 고민해 본다면 누구나 퍼스널 브랜딩이 가능한 시대이다. 나는 '책'과 '영어'로 나를 브랜딩할 수 있다. 이를 어떤 방식으로 포장해서 보여줄 것인가가 관건이다

블루노트 이서영작가 출간작

[도서 전문 블로거]

내가 할 수 있는 재능 중 하나는 글쓰기다. 지금까지 15권의 인문서적을 출간했다. 나의 철학을 이입해 지식을 재가공하는 책들이었

다. 말하자면 나는 '호르헤 루이스 보르헤스적인 글쓰기'라기보다는 그에게 책을 읽어주던, 그래서 다독가가 되어 세상 사람들에게 책을 알려주는 역할을 했던 '알베르토 망구엘적인 글쓰기'를 한다.

호르헤 루이스 보르헤스는 남미 문학을 전 세계에 알린 아르헨티나 작가이다. 그의 추리적 상상력은 전 세계 독자들에게 새로운 지평을 열어주었다. 보르헤스는 유전적으로 눈이 안 좋았다. 1927년부터 안과 수술을 8번이나 받았다고 한다. 거의 앞을 볼 수 없었던 보르헤스는 결국 실명했다. 그에게는 '책 읽어주는 소년들'이 있었다. 그중 알베르토 망구엘은 부에노스아이레스 한 서점에서 보르헤스를 만난 4년 동안 밤마다 책을 읽어주었고 망구엘은 세계적으로 유명한 '책 읽어주는 남자'가 된다.

이렇듯 나의 역할은 '책 읽기'를 멈춰버린 사람들에게 '책을 읽어주는 것'이다. 유투브에 시와 책들을 조금씩 읽어주다가 이제는 본격적으로 책을 읽어주고 있다. 40분에서 70분에 걸쳐 책을 읽는다. 대개는 20분에서 30분 되는 분량의 책을 두 번 반복하고 있다. 블루투스를 연결해 운전할 때 들으면 편안하고 좋다. 책을 읽지 않는 사람들은 책을 읽어주는 목소리를 들으면 잠이 온다고 한다. 그렇다면 잠이 안 올 때 들어도 좋겠다. 본격적으로 유투브에 책을 읽어주기 시작하자 독자들이 조금씩 자발적으로 늘고 있다. 시청 시간도 조금씩 늘어나고 있다. 그렇다면 시간이 갈수록 점점 시청 시간은 늘어날 수밖에 없다. 이것들이 쌓여 수익으로 연결된다. 놀랍다. 상생이다. 가치지향과 수익지향을 연결하는 접점을 지속적으로 찾는 것이 내가 지금 해야 할 일이고 앞으로 꾸준히 해나가야 할 작업이다.

최근에는 법정 스님의 〈내가 사랑한 책들〉을 낭독한다. 이 속에는 법정 스님이 주의깊게 읽었던 50권의 책에 관한 이야기들과 그의 소회가 적혀 있다. 책의 출판 역사를 알려주는 역할도 한다. 문제는 나의 낭독을 듣는 시청자층과 그들의 관심사가 어디에 있는가를 파악하는 것이다. 지금까지 내가 쓴 15권의 책은 '내가 하고 싶은 일'이었다. 일이란 두 가지가 있다고 한다. '하고 싶은 일'과 '해야만 하는 일', 여기에서 '하기 싫은 일'은 빼기로 한다. '하기 싫지만 해야 하는 일'은 '해야만 하는 일'에 속하기 때문이다. '하고 싶은 일'을 하기 위해서는 '해야만 하는 일'을 먼저 해야 한다고 한다. 하지만 돌이켜 보니 나는 '수익 지향적 사고방식'으로 분석해보면 '해야만 하는 일'을 하기보다 '하고 싶은 일'을 해왔던 것 같다.

그래서 '경제적 자유가 없어도 혹은 부족해도 '내가 하고 싶은 일'을 하면 더 행복한 게 아닌가'라는 생각을 해왔다. 하지만 그 결과물은 바람직하지 못하다. 말하자면 경제적 자유를 획득하지 못해 불편한 점들이 점점 많아지고 있다는 사실이다. 따라서 이제 내가 해야 할 일은 '해야만 하는 일'로 방향을 선회하는 일이다. 어떻게 하면 '해야만 하는 일'을 통해 '내가 하고 싶은 일'과 접목시킬까. 그것이 나의 과제이고 내가 지금 해야 할 일이다.

네이버 인플루언서 신청 홈페이지

　네이버는 인플루언서 프로그램을 운영한다. 구체적인 카테고리별로 다양한 인플루언서들이 활동하고 있다. 이 프로그램을 통해 네이버는 다양한 분야와 특성을 지닌 인플루언서들을 양성해 일반 사용자부터 전문가까지 다양한 스펙트럼으로 자신의 블로그나 포스트를 통해 다양한 콘텐츠를 제작하여 네이버 플랫폼을 홍보하고 소통하는 데 활용하고 있다.

　인플루언서들은 말 그대로 팔로워 수도 많아 영향력을 행사한다. 인플루언서가 되면 많은 혜택들을 네이버는 제공하는데 브랜드 혹은 마케팅 에이전시와의 협업을 통해 제품 또는 서비스의 홍보를 함으로써 그에 대한 수익을 얻을 수도 있고 브랜드 협찬을 통해 제품이나 서비스를 무료로 제공받을 수도 있다. 새로운 제품을 경험하고 소개하는 역할을 한다. 다양한 브랜드의 행사, 론칭 이벤트, 프로모션 등에 참여한 경험 등을 블로그에 올려 홍보 효과를 높일 수 있다. 다양한 협업을 통해 자신의 콘텐츠를 브랜드 마케팅 활동에 활용하기도 한다. 인플루언서로 인정받으면 자신의 커뮤니티를 확대하고 브랜드나 팔로워의 상호작용을 통한 소통이 강화된다. 이 과정을 통해 자신만의 브랜드를 만들고 다양한 기회를 얻는 발판을 마련하기도 한다. 퍼스널 브랜딩이 더 빠른 속도로 가능하다고 볼 수 있다.

다행인 것은 지금까지 '내가 하고 싶은 일'을 하면서 쌓아온 것들이 꽤 많다는 사실이다. 15년 가량 책 숲에 살면서 많은 자료와 경험들이 축적되었다. 이제는 이를 많은 이들과 함께 나누면서 동시에 그것을 수익으로 연결하는 작업을 진행해야 한다. 가능하다고 생각한다. 왜냐하면 나의 마음 자세, 즉 태도attitude가 바뀌었기 때문이다.

블로그에 들어와 나는 간서치로서, 또한 도서 전문 블로거로서 쉽게 도서 인플루언서가 될 것으로 착각했다. '책에 대한 나의 사랑을 누구랑 비교할 수 있을까'라고 생각했다. 그러면서 기존 도서 인플루언서들의 블로그를 지침 삼아 다양한 변화를 꾀했다.
하지만 6개월이 지나도 도서 인플루언서가 되지 못했다. 왜인지 본격적으로 점검해보기 시작했다. 한 달에 한 번씩 신청할 수 있는 인플루언서가 좌절될 때마다 다시 내 블로그를 점검했다. 그리고 도서 인플루언서들의 블로그에 들어가 무엇을 바꿔야 할지, 무엇을 벤치마킹해야 할지 곰곰 숙고의 시간을 가졌다. 그러다가 발견하게 되었다.

'아, 트렌드로구나!'

내게 부족한 것이 보이기 시작했다. 내게 부족한 것은 다양한 아이템이었다. 온종일 책만 보고 그것에 대한 서평을 쓰는 방식은 '구시대적인 것'이었다. 블로그 글쓰기는 아카데믹한 방식을 원하지 않았다. 내가 바꿔야 할 것은 블로그를 구현하는 방식이었다. 보다 다양한 아이템이 필요했다. 같은 방식의 프로그램을 사용하더라도 그것을 구현하는 방식을 좀 더 새롭게, 단순하고 깔끔하게 바꿀 필요가 있다. 시선을 20대 혹은 30대 기준으로 낮춰야 한다. 그들이 원하는 것은 단순하면서도 임팩트 있는 배치와 구도이다. 네이버 알고리즘이 원하는 방식이 있었다. 그 방식에 맞춰야 한다. 그들이 원하는 것을 들여다보고 포착할 수 있어야 한다. 앞으로 내가 가야 할 길이다. 이 방향은 내가 선호하는가 아닌가가 중요하지 않다. 왜냐하면 일단 통과해야 할 관문이라면 내가 중심이 아니라 기준을 맞출 줄 아는 자유자재한 마음가짐이 중요하기 때문이다. 시선이나 관점이 젊어지지 않으면 트렌드를 파악하기 쉽지 않다. 나는 부지런히 이 트렌드를 배워갈 예정이다.

또 하나 깨달은 것은 위의 깨달음과는 반대 방향의 것이다. 블로그는 네이버에 속한다. 네이버는 블로거들이 날마다 양산해내는 어마어마한 지식과 정보를 통해 자신들의 힘을 키워간다. 말하자면 네이버 블로그와 블로거들의 관계는 종속 관계가 아니라 상생 관계이다. 네이버 블로그의 로직이 지속적으로 바뀌고 있고 블로거들은 이를 따라가야 하겠지만 내 블로그의 주인은 나라는 정체성 또한 중요하다. 따라서 나는 내 블로그를 나만의 방식으로 꾸밀 권리가 있다. 블로거들이 없는 블로그는 의미가 없다. 다양한 블로거들의 성격들이 블로그를 다채롭고 풍성하게 만들어가고 있다. 내 블로그는 내 집이다. 디지털 세상에서 만나는 내 집이다. 내 집house이 성castle이 되어 수많은 사람들이 정신적으로, 감성적으로, 지적으로 산책할 수 있는 아름다운 공간으로 꾸며가는 것, 성장시키는 것은 온전히 나의 몫이다. 블로그는 나의 직장이다. 나는 N잡러이다. 인터넷과 노트북만 있으면 나의 성, 블로그를 얼마든지 활성화시킬 수 있고 성장시킬 수 있다. 이를 위해 날마다 고민하고 문제를 발견하고 대안을 찾고 실마리를 풀어나가고 결국 가치지향과 수익지향의 접점을 찾을 수 있다면 그때부터 블로그는 진정한 디지털 노마드로서의 나의 평생직장이 될 수 있다.

블로그는 나의 베이스 캠프이다. 블로그와 인스타그램과 유투브를 연동해 놓았다. 이것은 내가 원한 것이 아니라 인플루언서를 신청하면 네이버가 요구하는 것이다. 서로 공생하자는 발상은 네이버나 다른 SNS뿐만 아니라 우리 모두 그렇다. 우리 모두 공생하는 존재로서 서로를 십분 활용할 수 있어야 한다. 활용하려면 충분히 알아야 한다. 충분히 알아야 자유롭게 활용 가능하기 때문이다. 그래서 평생 배워야 한다. 하나하나 유치원생처럼 서투르게 배우다가 초등학생이 되고 중학생이 되고 고등학생이 되는 과정을 밟아야 한다. 이제는 물리적인 학교에서 배우는 시대가 지나버렸다. 산업혁명이 시작된 시대 이래 필요에 의해 만들어진 학교는 이제는 점점 공룡이 되어 간다. 우리가 배워야 할 배움터는 이제 인터넷 세상에 다 있다. 스스로 학습이 가능한 시대가 된 것이다. 학교에서 배울 것을 다 배웠다고 생각하는 세대는 살아남지 못한다. 분초 단위로 지식이 양산되는 거대한 인공지능의 시대가 되어 버렸으니까.

이렇게 책 서평 위주의 활동을 하다 수익화에 대한 고민으로 '예스이지 영어 회화'를 클래스101이라는 플랫폼에 론칭해야겠다는 아이디어가 떠올랐다. 클래스101에 론칭하기 위해서는 유투브를 통해 먼저 대중화할 필요가 있었다. 그래서 지난 12월부터 1분짜리 '쇼츠'를 찍어 유투브에 올리기 시작했다. 지난 한 달 동안 반응은 소리 없이 성장했다. 짧게는 3분, 길게는 40분까지 낭독해 올렸던 오디오북도 점점 1시간을 평균 시간으로 놓고 녹음 편집해 올리고 있다. 첫날에는 100명도 안 되었지만 꾸준히 시청자가 늘어 이제는 한 쇼츠당 평균 300명씩은 들어와 보고 영어 회화 3문장을 공부하는 습관을 들이고 있다. 꾸준히 쇼츠를 올리면서 '예스이지 영어 회화'에 대한 인지도를 올리는 것이 중요하다. 물방울이 바위를 뚫는 때가 온다. 포기하지만 않으면 말이다. 나는 이렇게 꾸준히 상황을 파악하고 문제점을 들여다본 뒤 그것을 지금, 여기에 적용하면서 성장하고 있다. 곧 쇼츠당 1만 뷰를 찍고 10만 뷰를 찍고 100만 뷰를 찍을 것을 상상한다. 물론 콘텐츠의 질은 점점 향상될 것이다. 시행착오를 거치면서 꾸준히 성장할 것이다.

['예스, 이지 영어 회화' 론칭]

나의 무기는 두 가지다. 하나는 책, 다른 하나는 영어다. 영어는 중학교 1학년 때 처음 만났다. 영어 시간 첫 수업, 알파벳을 배웠다. 선생님이 칠판에 적어나가는 대문자와 소문자, 그리고 필기체. 나는 영어의 모양이 너무 이뻐서 그만 반해버렸다. 그래서 대문자, 소문자를 따라 쓰고 필기체를 연습했다. 발음하는 법을 배웠고 발음기호를 배웠다. 단어를 하나하나 알아갔다. 단어들이 조금씩 눈에 익고 문장을 공부하게 되었다. 너무 재밌었다. 중학교 때 이후로 영어는 나의 삶의 일부가 되었다.

당시에 마이클 잭슨을 시작으로 뮤직비디오가 만들어지기 시작했다. 'The tide is high'라는 뮤직 비디오가 있었다는 건 아직도 뇌리에 남아 있다. 나의 중학교 시절은 팝송이 대세인 시절이었다. 나는 팝송을 통해 영어를 공부했다. 만나는 팝송마다 가사를 적어 외웠다. 'The tide is high, but I'm holding on. I'm gonna be a number one. I'm not the kind of a girl who gives up just like that. Oh, no~' 이런 가사들을 중학교 때 외웠는데 여전히 기억한다. 그냥 뇌가 기억한다. 각인된 것이겠다. 'Top of the world', 'I went to your wedding', 'The end of the world', 'Billie Jean', 'Sound of silence', 'Hotel California', 'Sea of heartbreak' 등 셀 수 없이 많은 팝송들을 들으며 자랐다.

중학교 3학년 때는 '성문기본영어'와 '성문종합영어' 사이에서 며칠 고민하다가, '성문기본영어'를 공부하기로 하고 3번쯤 전체적으로 공부한 뒤 책을 목차부터 통째로 외우기 시작했다. 예문들을 다 외웠다. 성문기본영어는 문법 설명이 매우 간단하고 대부분 예문과 문제를 통해 영어에 대한 감을 잡게 했는데 예문을 통째로 외우다 보니 저절로 문장 구조를 터득하게 된 것 같다. 그렇게 대학 전공도 '영어영문학과'를 선택했다. 나의 작은오빠가 교직을 이수하라고 극구 권장했음에도 불구하고 당시 나는 "선생은 아무나 하는 게 아니에요. 직업적 소명 의식이 없는 사람이 선생을 하면 학생들이 얼마나 힘든지 모르죠!"라고 말하면서 교직 이수를 하지 않았다. 하지만 대학교 4학년이 되어서야 비로소 '아, 나의 달란트는 가르치는 데 있구나'라는 뒤늦은 깨달음을 얻었다. 하여 나는 영어학원을 오래 했다. 고3을 위주로 수업하는 학원으로 내가 학원을 하는 동네가 아닌 곳에 사는 학생들까지 모여드는 그런 입시 중심 학원을 운영했다. 그러다 보니 과외도 하게 되었고 월수입이 1천만 원이 넘는 고액과외 선생님이 되었다.

하지만 평일에는 학원을, 주말에는 과외를 한다면서 하나뿐인 아들의 얼굴을 3년 동안 거의 보지 못하는 이상한 일이 생겼다. 직업을 갖고 돈을 버는 이유가 가족과의 행복에 있는데 아이를 볼 시간이 없다는 것은 말이 안 되는 이야기였다. 물론 몇 년간 계속된 강의의 양과 속도를 내가 견디기 힘들었을 수도 있다. 결국 나는 과외를 멈췄고 주말은 아들과 함께하는 시간을 확보했다. 그러면서 책을 본격적으로 다시 읽기 시작했다. 점점 학원보다 책에 몰입하는 시간이 많아졌다. 학원을 줄이면서 결국 학원을 그만두었다.

그렇게 15년쯤 책 숲에 몰입해 살면서 1만 권 가량의 책을 읽었고 15권의 책을 썼고 인문 강의를 하게 되었고 아파트 한 채가 생활하느라 사라졌다. 경제적 궁핍이나 부족함은 책 숲에서 사는 것으로 해소될 수 있을 것이라 생각했다. 책을 통해, 인문학적 지식 나눔을 통해, 영어학원을 했을 때만큼은 아니더라도 생활은 유지될 수 있을 거라 생각했다. 하지만 코로나19 팬데믹을 거치면서 오프라인 강의가 사라졌고 나는 크게 흔들렸다. 코로나 시대 3년은 나에게는 치명적인 경제적 궁핍을 가져다주었다.

유튜브 블루노트TV Shorts

오프라인 강의가 사라지자 그때서야 나는 본격적으로 SNS를 공부하고 블로그에 관심을 조금씩 가지게 되었고 유튜브를 배웠고 인스타그램에 가입했다. 미리 캔버스를 배웠고 강의록을 스스로 만드는 법도 배웠다.

코로나19 팬데믹은 나에게 경제적 자유를 빼앗아 간 대신 디지털 노마드로 살아갈 수 있는 방법을 배우게 하는 또 다른 학교가 되어주었다. 그렇게 블로그에 입문에 조금씩 힘을 키워가다가 지난해 본격적으로 블로그를 다르게 해석하게 되었다. 말하자면 'N잡러' 시대의 베이스캠프로 재해석하게 된 것이다. 그래서 카카오스토리 기반에서 블로그 기반으로 나의 디지털 베이스캠프를 옮겨와 책을 읽고 서평하는 작업을 시작했다. 그러면서 디지털 노마드로 살아남기 위해 클래스101을 비롯한 다양한 공부 플랫폼을 찾아 공부했다. 인스타그램 피드의 사진을 어떻게 정렬하고 색감을 어떻게 선택해 팔로워들을 늘일 것인가에 대해서도 공부했고 카카오톡 이모티콘을 론칭하는 방법도 공부했다. 유튜브로 어떻게 수익을 낼 수 있으며 어떤 주제를 선정해야 하고 어떻게 카드 뉴스 문장을 만들어야 시선을 끌 수 있는지도 공부했다. 그러다가 꾸준히 지치지 않고 할 수 있는 나만의 것을 찾아야 한다는 사실을 강의를 통해 배웠다.

그렇다면 '책'과 '영어'가 나의 무기인데 '책'은 사람들이 읽으려고 하지 않는다. 그러므로 책을 읽어주는 작업을 본격적으로 해야겠다. 그래서 독자들이 책을 눈으로 읽는 게 아니라 귀로 읽을 수 있도록 도움을 줘야겠다. 그리고 영어 문법 강의를 클래스101에 론칭해야겠다. 책은 잘 읽지 않아도 영어에 대한 관심은 누구나 갖고 있으니 영어에 관한 프로그램을 론칭하면 좋겠다는 생각에 도달했다. 나는 곧바로 1분짜리 쇼츠를 유튜브에 개시하기 시작했다. 이제 막 한 달이 넘었다. 60분짜리 책 낭독과 1분짜리 쇼츠를 본격적으로 개시하자 유튜브가 반응하기 시작했다.

구독자 수는 한 달 만에 200여 명 늘었고 조회 수는 최근 7일간 3천6백 건을 기록했다. 내 시청자는 40세 이상이 80%가 넘는다. 20대와 30대를 겨냥하기 위한 방법도 강구해야 한다. 남성과 여성의 비율은 비슷하다. 나의 유튜브를 유료로 전환하기 위해서는 최소한의 조건이 필요하다. 유튜브 유료화의 기본 자격 조건으로는 먼저 구독자 500명을 확보해야 한다. 동영상은 3개 이상 업로드해야 한다. 또한 공개 동영상 시청 시간이 3,000시간이 되거나 쇼츠의 경우 지난 90일 기준으로 300만 조회 수를 기록해야 한다.

예전이라면 이 숫자나 기준에 관심이 없었다. 하지만 디지털 노마드로 정착하기 위해서는 수익화가 필수이고 이제 나는 적극적으로 이 숫자와 자료들에 관심을 가지면서 내가 날마다 얼마나 성장하고 있는지 체크한다. 관심이 없었던 시간 동안 내가 획득한 시간은 250여 시간 남짓이었다. 하지만 지금은 1,000시간이 넘었다. 공개 쇼츠도 1만 회가 넘어간다. 이 숫자는 아직은 비록 연약한 숫자이고 영향력이 없지만 앞으로 꾸준히 이 과정을 지속해 간다면 승산은 반드시 있다. 블로그나 유튜버로 성장한 사람들의 이야기가 책이 되어 나온다. 그들이 말하는 숫자는 거의 상상 불가할 만큼 큰 규모였다. 나는 이런 책들을 몇 권 읽으면서 스스로에게 질문했다.

'이렇게 거대하게 성장할 수 있겠어?'

나는 스스로에게 답했다.

'응, 언젠가는 그렇게 되겠지. 하지만 잘 생각해 봐. 우리는 책을 통해 그들의 '결론'만 보고 있어. 그들이 어떻게 해서 그 지점에 도달했을까에 대한 이야기는 매우 두루뭉술하지. 말하자면 그들의 성공은 그들만의 방식이 그들에게 먹혔기 때문이야. 대부분의 성공은 점진적으로 가다가 어느 순간 티핑 포인트를 만나는 거야. 그러므로 급하게 생각하지 마. 결국 시간과 성실함이 답이 될 테니까.'

오늘도 나는 부지런히 영어 쇼츠를 올린다. 꾸준히 성장하는 숫자들을 바라보면 기분이 좋다. 유튜브 알고리즘에 의해 나의 쇼츠나 동영상 하나가 선택되면 기하급수적으로 많은 구독자들을 불러 모을 수 있다. 그 지점을 명확히 선택할 수 없고 내가 결정할 수도 없다. 내가 할 수 있는 것은 꾸준히 내 방식대로 업데이트하는 것이고 구독자들과 소통하는 것이다. 그러면 구독자들도 나의 영어 쇼츠를 통해 성장할 것이고 그 성장이 곧 나의 성장의 마중물이 될 것이다. 모든 것은 선순환되어야 한다. '어느날 갑자기'는 없다. 성공 신화에는 중간 과정이 배제되어 있고 단 몇 줄로 끝나버린다. 백조의 우아함 밑에 무수한 발길질이 있다는 사실을 우리는 직접 부딪치면서 깨달아 간다.

영어 쇼츠는 1분 안에 3문장을 연습한다. 배우고자 하는 표현을 3개의 문장과 연결해 완전한 문장을 만들고 그것을 연습한다. 예를 들어 '~에 능숙하다'라는 표현은 'be good at (동)명사'인데 이를 연습하기 위해 3개의 문장을 알려준다. 'building Lego', 'riding a bike', 'driving a car'라는 3개의 문장을 제시한다.

1) 나는 레고 만드는 데 능숙해 = I am good at building Lego.
2) 나는 자전거 타는 데 능숙해 = I am good at riding a bike.
3) 나는 운전하는 데 능숙해 = I am good at driving a car.

이런 방식으로 알려주고 연습하게 만든다. 반복해서 몇 번씩 들어 보고 입술로 따라하는 습관이 몸에 배면 빠른 속도로 영어 회화가 가능해진다. 영어는 어려워서 못하는 게 아니라 귀찮아서 안 하는 것이다. 꾸준히만 하면 대개의 의사소통은 곧 가능해진다. 반복의 힘이 관건이므로 공부하는 이의 입장에서는 반복에 반복을 거듭해야 하고 쇼츠를 생산하는 나의 입장에서 보면 꾸준히 반복해야 하므로 쇼츠 클릭 횟수나 낭독 동영상 횟수가 꾸준히 상승할 수밖에 없다. 시스템이 저 스스로 구축되어 굴러가게 만드는 것이 수익지향의 큰 관건 중의 하나인데 이 꾸준함이 영어 회화를 잘 할 수 있도록 내가 다양한 문장들을 구독자들에게 선물하는 만큼 나는 그들로부터 수익을 얻게 되는 선순환 구조 속으로 진입하게 된다. 부자들의 책을 읽어보면 가장 큰 지점이 바로 상호이익에 관한 부분이다. 누군가의 불편함을 해소해 줄 것, 그래서 서로 이익이 되는 지점을 확보할 것. 그리고 내가 누군가의 불편함을 해소해 줄 수 있는 도구는 바로 영어와 책이므로 나는 이 작업을 꾸준히, 지치지 않고 진행할 예정이다.

[SNS 연계와 수익화 과정]

나는 이렇게 블로그를 기반으로 날마다 책을 서평하는 작업을 진행하면서 애드 포스트를 신청해 블로그마다 광고가 들어오게 되었다. 애드 포스트는 본문에 2개가 붙고 포스팅 아래에 3개의 포스트가 붙는다. 문제는 이를 클릭하고 들어가 구매로 이어져야 수익이 들어온다는 것이다. 애드 포스트 승인이 된 후부터 부지런히 아침 편지 배달하듯 블로그 포스팅을 배달하면서 애드 포스트를 알리기 시작했다.

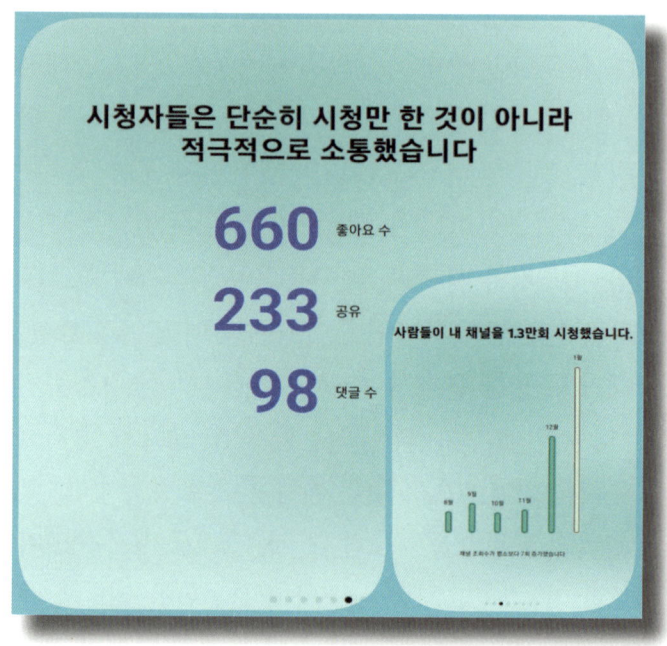

유투브 스튜디오 통계 자료(2024.1)

"이제 제 블로그에 선전이 붙는데요, 그곳을 클릭하시거나 클릭하고 들어가 물건을 구매하시면 저에게 큰 도움이 됩니다."

이 문장에 대한 반응은 다양했다. 전혀 무관심한 이들이 있는가 하면 관심을 갖고 부지런히 클릭하면서 나에게 도움을 주려는 이들도 있었다. 이제는 꾸준히 하다 보니 습관이 되어 당연히 나의 포스팅을 찾아와 애드를 클릭하고 들어가 물건을 구매하는 이들이 꽤 생겼다. 구매한 물건값의 아주 미미한 부분들이 수익이 되지만 그래도 차곡차곡 모으면 '치킨 한 마리' 값은 된다는 게 블로거들의 농담으로 회자되기도 한다. 나의 경우에는 5월 25일부터 본격적으로 포스팅을 시작한 뒤 7월 3일에 애드포스트 미디어가 등록되었다. 11월 1일에 지급 신청을 한 뒤 11월 17일에 수입이 지급되었는데 '52,097원'이었다. 얼마 되지 않은 금액이지만 어쨌든 '수입이 성공적으로 지급되었습니다.'라는 문구는 기분 좋았다.

2023년 5월에도 나는 부지런히 유투브에 시나 글을 낭독해 올렸다. 이때는 수익화에 대한 관심은 있었으나 '동영상 관리'를 들여다본 적이 없었다. 관심은 있지만 행동으로 움직이지 않는다. 우리들 대부분이 그렇다. 관성과 중력의 법칙에 의거해 늘 하던 대로의 행동이나 생각에 변화를 주고 새로운 전기turning point를 만들어내는 것이 쉽지 않기 때문이다. 나 역시 부지런히 책을 읽으면서도 '앎'이 '삶'이 되어야 한다고 누누이 말하면서도 정작 나 자신의 수익화 문제에 있어서는 소극적이었다.

유투브에는 스튜디오가 있다. 날마다 분석해주고 일주일 단위, 한 달 단위로 나의 유투브 상황을 체크해 준다. 2024년 1월 27일 기준으로 나의 구독자는 586명, 14만6천 조회 수를 가지고 있다. 좋아요는 4천5백명, 댓글은 1천 개가 달렸다. 공유는 2천 600번 되었다. 최근 7일간 조회 수는 3천700명이다. 쇼츠에서 최고 조회 수는 4천400회짜리가 있다.

'스튜디오에서 분석 더 보기'를 클릭하고 들어가면 더 많은 정보가 있다. 지난 일주일 동안 독자들이 시청한 동영상 시간은 668시간으로 평소 대비 541회가 높다. 구독자 수는 77명 늘어 지난 28일 전보다 92% 향상되었다.

인스타그램 릴스와 연동

이 부분은 매우 중요하다. 한 달 동안 열심히 꾸준히 동영상과 쇼츠를 올리다 보니 날마다 이 분석을 들여다보는 게 이제는 재미있다. 예전에는? 너무 싫었다. 불편했다. 들여다보는 것도 불편하고 숫자를 계속 체크해야 한다는 것도 불편했다. 하지만 이제는 다르다. 내 '생각'이 바뀌었기 때문이다. 가치지향과 수익지향은 쌍생아이다. 스튜디오에서 맨 아래 오른쪽에는 '수익 창출'이라는 부분이 있다.

클릭한다.

'YouTube 파트너 되기'라는 부분이 펼쳐진다. 1차 유료 자격인 500명을 넘어섰고 내 2차 목표는 3,000시간에 도달하는 것이다. 이 속도로 꾸준히 하다 보면 두 달 안에 3,000시간을 넘길 수 있다. 그러면 나의 유투브도 드디어 유료화 지점에 도달하게 된다. 유료화의 나의 첫 목표는 '월 300만 원'이다. 강의나 칼럼 등에서 나오는 수익과 합하여 한 달 생활은 가능해진다. 코로나19 팬데믹 이전에는 강의가 나의 주된 수입원이었다면 이제부터 강의는 나의 부수입이 될 것이다. 나의 주 수입원은 유투브 수익이 될 것이다.

유투브는 블로그와 인스타그램과 연동될 것이다. 이렇게 느린 속도로 언제 '월 300만 원'에 도달할 수 있겠느냐고 질문을 할지도 모른다. '월 300만 원'이 푼돈인 사람도 있을 것이다. 하지만 매우 큰 돈이다. 인간다운 생활은 할 수 있기 때문이다. 대개 사람들은 부정적인 측면에 경도되는 경향이 있다. 하지만 미래는 알 수 없기 때문에 더 역동적이고 희망을 갖고 앞으로 나아갈 수 있는 힘이 된다. 나는 나의 성실성과 꾸준함을 돈으로 환산해 본 적이 없고 그것을 이제는 반성한다. 유투브에 업로드하는 나의 영어 쇼츠와 '60분 낭독'은 나의 미래 먹거리다.

'예스이지 영어 회화' 쇼츠를 통해 공부하는 이들이 점점 많아지고 있다. 그 숫자는 꾸준히 늘 것이다. 그러면 나는 이를 기반으로 '클래스101'에 '예스이지 영어 회화를 위한 문법 교실'을 론칭할 계획이다. 문법을 통해 영어 회화가 어떻게 가능하고 속도가 빨라지는

지에 대한 인식을 블로그를 통해, 유튜브 동영상을 통해 인식하게 되면, 일반인뿐만 아니라 학생들도 최소한 문법의 80%는 '클래스 101' 강의를 통해 습득할 수 있으므로 대상은 영역 없이 확장될 것이다. 초등학생, 중학생, 고등학생까지도, 영어 회화를 적극적으로 배우려는 대학생이나 일반인들도 나이, 성별에 상관없이 공부할 수 있는 게 바로 '예스이지 영어 회화를 위한 문법' 강의가 될 것이다.

초기에는 유튜브에만 쇼츠를 올렸다. 이제는 인스타그램에도 쇼츠를 올린다. 인스타그램은 '릴스'라고 한다. 유튜브와 연동되지 않는 한계는 있지만 그래도 릴스에 영어 회화를 업로드하자 며칠 지나지 않아 '500회'가 넘었다고 인스타에서 알려왔다. '예스이지 영어 회화'를 널리 알리기 위해 유튜브, 인스타그램, 페이스북, 밴드, 카카오스토리 등에 올린다. 또한 블로그에는 1분 쇼츠를 컷마다 캡쳐한 다음 친절하게 하나하나 설명해 준다. 문법도 짤막하게 상식처럼 안내한다. 처음에는 어색해하던 이웃들이 조금씩 연습하기 시작했다. 이제는 꽤 많은 이웃들이 소리 내어 연습하는 수준이 되었다. 이렇게 블로그와 유튜브가 적극적으로 연동되자 초기에는 소극적인 이웃들이 반응을 보이기 시작하고 연습하기 시작한다. 노출 빈도를 늘리는 게 매우 중요하다는 사실을 다시 깨닫는다.

나와 오랫동안 교류해온 한 작가는 이렇게 말하곤 했다.
"온종일 날마다 1년 내내 책상 앞에 앉아서 공부하는 데 그렇다면 그것들이 수익화로 연결이 되어야 작가님도 먹고살 게 아닌가요? 조금만 방향을 수정하면 참 많은 방법들이 있어요. 적극적으로 수익화에 대해 고민해 보세요."

이런 말들을 자주 듣다 보니 정신이 확 깨는 순간이 왔다.

'아, 나는 공무원도 아니고, 회사원도 아니다. 연금도 없고 아무 것도 없다. 그런데 미래 먹거리는커녕 지금 생활하는 것도 넉넉하지 않다. 그렇다면 왜 준비하지 않지? 내게 책 숲에서 산다는 것이 나의 물리적인 삶을 위협한다면 나에게 책 숲은 어떤 의미일까? 내 몫 하나 감당하지 못하면서. 내 재능으로 밥 벌지도 못하면서 누구에게 무슨 말을 할 수 있지?"

그래서 이 책을 쓰게 되었다. 가치지향과 수익지향을 적극적으로 합체해 새로운 지경에 도달하고 싶다. 나는 가치지향에서 수익지향으로 건너가고 있지만 많은 청년 블로거들은 수익지향을 위해 가치지향을 배우는 책을 읽는다. 이 강에서 저 강으로 건너가거나, 저 강에서 이 강으로 건너오기. 삶은 이처럼 풍성하고 다양한 무지갯빛이다.

솔아북스출판사를 통한 다양한 작가 배출

수익화를 위한 본격적인 작업은 솔아북스출판사를 통해서도 진행될 예정이다. 지금까지 솔아북스출판사는 독립출판사로서 2015년에 시작된 이래 이서영 작가의 책이 14권 나왔고 전국적으로 의뢰를 신청한 작가들의 책 15권이 세상에 나왔다.

2023년에는 김재석 작가의 〈로봇개 스카이〉가 1월에 출판되었고, 3월에는 이종분 작가의 〈럭비공 차는 이사임당〉이, 4월에는 정사강 작가의 〈뭐하나, 안자고〉가, 6월에는 원유훈 작가의 〈척추 건강혁명 프롭테라피〉가 솔아북스출판사에서 출간되었다.

〈로봇개 스카이〉는 2022년 12월 31일 출판일로 되어 있지만 연말이라 인쇄가 늦어져 2023년 1월에 세상에 나온 책이다. 이 책은 2019년 교보문고 주최 스토리 공모전 본선 진출작이다. 김재석 작가는 2011년 〈풀잎의 제국〉으로 1억 원 고료로 진행된 제3회 조선일보 판타지 문학상을 수상했다. 2007년 제1회 해양 문학상 동화 부문 수상으로 등단했다. 2009년, 〈별박이왕눈잠자리의 하늘여행〉으로 한국 안데르센 아동문학상 금상을 수상했다. 아동 문학작품을 문예지에 꾸준히 발표해왔다. 시인, 소설가, 동화 작가 등 다방면으로 활발한 활동을 하고 있다. 〈로봇개 스카이〉는 가까운 미래 사회에 일어날 수 있는 애완견과 로봇개 사이의 이야기를 초등학생 눈높이에 맞춰 다뤘다. 손에 땀을 쥐게 하는 추격 장면 등 눈에 선명하게 보이는 묘사 능력이 뛰어나다.

이종분 작가는 1988년부터 한문교습소 '열호당' 학당을 운영해 온 훈장이다. 2008년, 한국학 중앙연구원 청계 서당에 입학해 3년간 수학하고 수석 졸업했다. 2011년 단국대 대학원에 입학하고 4학기를 마칠 때인 2013년 파킨슨병이 발병했다. 석박사학위 과정을 하면서 대학 출강을 준비하던 때였다. 작가는 파킨슨병 발병으로 학업을 중단했지만 학생들을 가르치는 일은 꾸준히 해왔다. 이

종분 작가는 한문을 배우러 오는 학생들의 엄마가 되었고 학생들의 엄마와도 두터운 교분을 유지하고 있다. 현재 경기도 가평에서 열호당 펜션을 운영하고 있는데 건강이 좋지 않지만 늘 움직이는 부지런한 지구별 여행자이다. 책이 출판된 뒤 열호당에서 출판기념회가 열렸다. 전국에서 많은 지인들과 독자들이 참여해 진행된 출판기념회는 매우 뜻깊은 소통과 교류의 순간이었다. 작가는 이제 두 번째 책을 준비하고 있다. 딸과 아들에게 주는 편지 형식으로 질병에 시달리면서도 건강한 정신으로 경쾌한 가정을 꾸려나가는 작가의 이야기를 들을 수 있을 것을 기대한다.

4월에는 정사강 작가의 〈뭐하나, 안자고〉가 세상에 나왔다. 작가는 20대 때 이외수라는 작가를 만나 작가의 꿈을 키우기 시작했다. 그 꿈을 60대가 되어 이뤘다. 작가는 밤 10시에 잠들고 새벽 3시에 일어난다. 신새벽에 일어나 성경 공부하고 인문학 공부하고 만다라 컬러링을 하면서 하루를 시작한다. 작가는 다양한 하루의 경험을 소재 삼아 사유의 틀을 다져나가고 있다. 그녀는 '늦깎이 작가'로 살기로 결심했다. 그림을 그리고 도자기를 만든다. 시를 쓰고 미술관에 가서 그림을 감상한다. 반려견 달콩이와 날마다 산책을 하며 보고 듣고 경험한 모든 것들을 글의 소재로 활용하고 있다. 그림 일기를 쓰기 시작했다. 영어 성경을 공부한다. 일상이 예술임을 아는 작가는 성실함의 힘으로 꾸준히 새로운 미래를 구축해 가고 있다.

원유훈 작가는 배제대학교 스포츠 예방의학 교수였으며 위례 정보 산업고등학교 무술부 감독으로 14년을 근무했다. 합기도 공인 8단이며 현재 둥근힘 지리산 힐링센터를 운영하며 프롭테라피를 통해 국민 건강을 책임지는 작업을 하고 있다. 지리산 600고지 바래봉에 거주하면서 전국적으로 프롭테라피를 보급하고 있는데 그의 주장에 의하면 인체는 206개의 뼈로 정교하게 결합 되어 있고 이 뼈들이 다시 근육을 붙이고 있다. 뼈를 기본 골격으로 움직이면서 이들의 움직임을 원활하게 하기 위해 온갖 신경조직과 혈관들이 연결되어 있다. 바른 자세로 조화를 이루면 건강한데 전후좌우상하, 6면이 서로 견제와 균형을 이룬 상태라야 한다. 이를 '6면 쟁력'이라 하는데 건강하다는 것은 이 '6면쟁력'이 서로 균형을 이루는 상태라고 설명한다. 프롭테라피는 프롭이라는 도구를 활용하여 뇌와 척추 신경을 발동시키는 운동으로 척추 24마디와 골수를 직접 자극해 척추 마디마디의 노폐물을 제거하고, 뇌척수액의 흐름 및 작용을 원활하게 해 신체를 회복시키는 운동이다.

지리산 프롭테라피 센터에서 수업 중

이 책을 만들기 위해 지리산 바래봉을 수차례 오가면서 직접 프롭테라피로 운동을 배웠다. 나는 종일 앉아서 공부하는데 허리를 반듯이 하고 앉으므로 허리에 무리가 가지 않는다. 원유훈 프롭테라피 회장님은 나에게 책 출판을 의뢰할 때 나의 반듯한 자세를 보고 출판을 결정했다고 한다. 상하좌우전후의 쟁력이 조화와 균형을 이루게 되면 허리, 어깨 결림이 사라지고 통증으로부터 해방된다. 프롭이라는 도구는 이 쟁력을 조화롭게 만들어주는 훌륭한 도구였다. 책을 만들기 위해 프롭을 활용하는 방법을 배우고 지도자 과정에도 참석했다. 프롭은 침목 같은 단순한 도구이지만 이것 하나만 잘 활용하면 어깨, 허리 통증을 비롯한 다양한 질병을 예방할 수 있다는 사실에 놀랍다는 생각이 들었다. 이 책은 건강 관련 책이어서 모델이 필요했고 수백 장의 사진이 필요했다. 세 번에 걸쳐 시행착오를 겪으며 요가와 운동으로 다져진 강사가 모델이 되어서 멋진 작품이 나올 수 있었다. 사진 작업까지 솔아북스출판사가 개입해서 진행해야 했으므로 난이도가 높은 작업이었다. 사진 한 점 한 점을 모두 체크하고 장면마다 필요한 문장들을 집어넣는 등 세세한 작업이 진행되었으므로 시간과 노력이 많이 소요된 책이었지만 세상에 나오고 반응이 좋아 교보문고 광화문점에서는 꾸준히 판매되고 있는 건강 관련 책이다.

올해는 적극적인 마케팅을 진행할 계획이다. 먼저 계획을 세워야 이 계획을 채우기 위해 노력할 것이므로 올해 솔아북스출판사의 계획은 '12권을 세상에 내어놓기'이다. 먼저 이 책이 2024년 첫 책이 될 것이고 3월, 4월에도 출간이 예정되어 있다. 구상하는 작가에게 5월 출간을 준비하자고 제안했다. 그림일기를 두 번째 책으로 구상하는 작가에게도 제안했다. 올해는 이런 방식으로 적극적인 제안을 통해 책이 세상에 나올 수 있도록 할 계획이다. 두 권을 동시에 출판하고자 준비하고 있는 작가에게도 제안하고 박사 학위를 받았으니 이제 책을 준비해야 할 문우에게도 제안할 예정이다. 적극적으로 움직이면 세상이 화답한다. 일단 문제를 제기하면 어떻게든 답이 나오게 되어 있다. 솔아북스출판사는 이미지, 편집, 교정, 인쇄 등을 담당하고 ISBN 코드를 발생시키고 알라딘, 교보, 예스24와 연동한다. 국립도서관에 책을 납품한다. 솔아북스출판사는 자비 출판사이므로 출판 비용 부담을 줄이기 위해 '텀블벅'을 효율적으로 활용한다. 텀블벅은 책이 나오기 전에 미리 책을 예매하는 방식으로 작가들에게 큰 도움이 될 수 있다. 독자들도 미리 책을 들여다볼 수 있는 장점이 있다. 그리고 카드뉴스를 제작해 블로그를 통해 적극적으로 출간작가들의 책을 홍보할 예정이다. 블로그는 이런 점에서 나에게 좋은 홍보 수단이 될 수 있다. 블로그를 적극적으로 성장시켜야 하는 이유이기도 하다. 2024년부터는 전자책도 동시에 발행할 계획이다. 두 명의 전문 작가가 상주하고 있으므로 책을 내고 싶다는 의지만 있다면 관심 있는 누구든지 충분히 가치 있는 책을 만들어 낼 수 있다.

글쓰기 강사로 글쓰기 강좌 개최

수익화에 도전할 또 하나의 도구는 바로 '글쓰기'이다. 나는 하루에 2만 자 정도를 날마다 필사하거나 쓴다. 1만 권의 책을 읽으면서 수천 권의 후기를 작성했다. 순창 군립도서관 상주 작가로 있으면서 많은 신문 기사를 작성했다. 인터넷 신문 브레이크 뉴스에 오랫동안 글을 기고했고 순창 신문에도 꾸준히 기고하고 있다. 초중고, 대학교에서 '글쓰기 강좌'를 진행하고 책으로 내는 작업도 진행해 왔다. '남원 귀농 귀촌 협의회'에서 진행된 '자서전 글쓰기'는 '10인 10색'이 명확히 드러나는 좋은 결과물이었다.

남원 귀농귀촌인을 모아 '자서전 글쓰기' 강좌를 3개월간 개최하고, 〈남원 귀농 귀촌 10인 10색 사람책〉을 2022년 11월에 솔아북스출판사에서 출간했다. 귀농 귀촌에 관심 있는 사람들이 예상외로 많다는 사실을 이 책을 출간하고 나서 깨달았는데 알라딘, 교보, 예스24에서 꾸준히 독자들의 사랑을 받고 있다.

남원귀농귀촌협의회 자서전 강좌 출판기념회

인생 2막을 꾸밈없이 자연과 더불어 살아가는 귀농 귀촌인들의 진솔한 이야기책이다. 초등학교도 졸업하지 못하고 세상을 떠돌아야 했으나 열심히 산 만큼의 결과를 얻어, 지리산에 정착해 70억 자산가가 되고 신지식인이 된 이의 이야기도 있다. 아파서 먹기 시작한 인삼인데 이제는 스스로 재배하는 농원을 운영하게 된 이야기, 운명처럼 남원에 와서 옻 공예인이 된 이야기, 두 개의 카페를 운영하는 운영자의 이야기, 퇴역 후 남원에 정착하게 된 이야기, 전국을 돌아다니는 공무원인 남편을 따라 다니다 남원에 정착한 이야기, 부산에서 출발해 차박 캠핑을 하다 남원에 도착한 이야기, 아버지가 기다리던 남원 땅으로 돌아온 음식 장인의 이야기 등 다양한 삶이 펼쳐지는 흥미진진한 책이다. 이 책을 만들 때는 너무 힘들었다. 글을 써 본 분들이 아니었고 각자의 삶이 너무 바빴기 때문이다. 옻칠 장인을 만나기 위해 구례 시장까지 몇 번을 방문하기도 했고 너무 바빠 시간을 못 내는 카페 사장님을 만나기 위해 시도 때도 없이 찾아가기도 했다. 글로 쓸 수 없는 분을 위해서는 녹취를 한 다음 그것을 문장으로 풀어 제자리를 찾는 작업도 진행했다.

동신대학교 만만한 글쓰기 강좌

〈나의 조각들〉은 2023년 11월부터 2024년 1월까지의 결과물로 10명의 동신대학교 학생으로 시작해 8명의 학생들이 최종 글쓰기를 완성했고 이를 책으로 낸 사례이다. 학생들은 글쓰기에 대한 막연한 두려움을 가지고 있었다. 늘 꾸준히 써왔던 학생들이 아니었기 때문이다. 하지만 글쓰기 과정을 통해 조금씩 나를 들여다보고 결국에는 한 편의 작품을 마무리 지을 수 있었다. 이 책 또한 ISBN 코드를 받아 국립도서관에 비치되었으므로 이들은 이제 작은 작가로서의 발걸음을 시작하며 스스로를 대견해한다.

2023년 11월에 글쓰기 강의를 통해 글을 쓰기 시작한 참여자들은 2024년 1월 10일에 책이 출판된 기념으로 다시 모였다. 진우 학생은 "경험했던 사건들을 중심으로 초등학교, 중학교, 고등학교를 회상하면서 썼다. 글쓰기 과정 동안 많은 감정들이 교차했다. 쓰면서 너무 부끄러웠지만 내가 저지른 일에 대해 한 번 더 확인하고 반성하는 시간이 되었다. 글을 쓰면서 많이 슬펐다. 저의 모든 이야기가 남겨 있는 것은 아니지만 막상 완성된 것을 보니 아쉬운 느낌이 든다. 이 경험을 계기로 글을 본격적으로 써 보고 싶어서 글쓰기에 관한 책을 샀다."고 말해 응원을 받았다.

황지원 학생은 "경험이라는 것의 가치에 대해서 배운 시간이었다. 나는 어려서부터 아빠로부터 경험 가스라이팅을 당했다. 아빠는 경험이 살면서 얼마나 큰 재산인지 알고 계셨으므로 늘 내가 넘기 힘든 경험들을 해 보기를 권유하셨다. 그때는 그것이 너무 싫었는데 이제는 깊은 뜻을 알 것 같다. 아빠는 늘 말씀하셨다. "힘들겠지만 한 번 해봐. 경험을 위해 무엇이든 해 봐야 해." 그래서 대학에 들어와서도 홍보대사, 기자단 등 너무 열심히, 너무 바쁜 시간을 보냈다. 눈에 보이는 성과가 있었나 싶어 아쉬웠지만 아, 내면의 성장이 더 가치 있는 일이라는 깨달음을 얻었다. 게다가 글을 쓴 뒤에 책으로 나와 내 책까지 생겼다고 생각하니 너무 행복하다. 안산에 있었는데 이 행사를 위해 새벽에 KTX를 타고 달려왔다. 잘했다는 생각이 든다."고 소감을 밝혔다.

성하 학생은 "이렇게 길게 써 본 적이 없었다. 나는 내 강아지에 대해 썼다. 내가 사춘기를 경과하고 우울함이 있을 때 포야를 만났다. 그리고 이제는 콩이와 친해지고 있다. 포야와 헤어질 때의 아픔이 있었고 지금도 많이 그립다. 콩이를 새로 키우고 있다. 에세이를 집필할 때 집에 왔다. 2주 된 채로 왔다. 3시간에 한 번씩 분유를 먹여야 한다. 새벽에 깨면 아기에게 주듯 분유를 먹이기도 한다. 너무 피곤하지만 그래도 콩이가 있어 행복하다."고 말했다. 이 자서전 글쓰기 프로젝트를 담당한 고나영 담당자는 "성하 학생의 글 중에서 제목 〈나의 조각들〉을 따왔다."면서 "이번 프로젝트에 참여한 학생들의 작은 사유의 조각들이 모여 이렇게 한 권의 책이 나올 수 있었다. 끝까지 참여해줘서 고맙다."고 전하며 출판기념회를 마무리했다. 책 한 권 그냥 나오지 않는다. 하지만 많은 이들의 정성과 노고가 합하여 한 권의 책이 세상에 나왔을 때 그 기쁨과 뿌듯함은 무엇에도 비할 게 없다.

만다라로 심리 치유 과정을 진행하고 글쓰기를 하게 되면 내 안의 것들이 바깥으로 자연스럽게 딸려 나온다. 그래서 진솔한 글쓰기가 가능해진다.

〈before : 첫 내면 그리기〉 -----> 〈after : 심화 그리기〉

나는 몇 년 동안 초, 중, 고등학생, 대학생, CEO, 일반인들을 대상으로 다양한 만다라 심리 치유 글쓰기를 진행해 왔다. 만다라가 생소해 강의에 사용할 때 심리적 저항도 있지만 나중에는 내 안의 나와 조우하면서 눈물을 흘리는 수강생들도 많이 만났다. 다양한 도구를 사용하게 되면 또 다른 나를 만나는 빈도도 커진다.

나는 15권의 인문 서적을 출간했다. 10년 넘게 책 숲에서만 살았다. 글쓰기의 대상은 무궁무진하다. 누구나 글을 쓸 수 있고 글을 쓸 수 있도록 방향을 안내할 수 있다. 출판사를 운영하면서 오탈자를 체크하기 위해 한 권의 책을 15번 이상을 읽어왔다. 이 많은 경험치들은 누군가 글을 쓰겠다고 도움을 요청하면 언제든 가동할 수 있는 큰 재산이다.

앞으로 블로그에서 작은 글쓰기 교실을 론칭할 계획이다. 자서전 글쓰기도, 만다라 치유 글쓰기도, 주제에 따라 다양한 글쓰기 강의를 진행해야겠다. 독서 모임도 만들어 책 한 권을 꾸준히 읽고 질문을 끄집어내고 단어들을 모아서 특정한 주제를 주고 문장을 만들어가는 연습도 해야겠다. 작성한 글을 공유하고 피드백을 주고받는 시간도 마련해 글쓰기에 실제적인 도움을 제공해 줘야겠다. 나는 하루에 2만 자를 필사하거나 쓴다. 그렇게 10년을 써왔고 1만 권의 책을 읽고 15권의 인문 서적을 썼다. 인문 강의를 오래 해왔다.

이 모든 것이 글쓰기 강의의 사산이 될 것이다. 글쓰기에 대한 기본 이론을 공유해야겠다. 초보자부터 숙련자까지 다양한 주제와 아이디어를 제공하고 기초적인 주제부터 철학적 사유까지 가능하도록 다양한 지적 도구들을 제시해 줘야겠다. 하겠다고 마음먹으면 할 수 있는 것들이 무수히 많다. 이들을 체계적으로 분류하고 모둠을 만들고 결과를 만들어내는 과정을 경험할 앞으로의 블로그 세상이 기대된다.

모바일 블로그 화면

02 블로그 글쓰기

학문은 까마득히 먼 곳에 있는 것이 아니라 날마다 행동하는 일상에 있다.

– 율곡 이이 '격몽요결'

블로그 글쓰기

블로그 글쓰기는 참으로 다양한 패턴을 지니고 있다. 그래서 나와 맞는 글쓰기 방식을 찾아낼 필요가 있다. 나의 경우에는 서평을 주로 하기 때문에 그 책이 말하고자 하는 바를 명확히 전달하는 것이 목적이다. 하지만 책을 읽고 서평을 하는 블로거들도 참으로 다양한 자기만의 스타일을 가지고 있으므로 정해진 규칙이 있는 것은 아니다.

블로그는 글을 소통의 기반으로 한다. 그래서 최소한의 글쓰기에 대한 방식을 알아두면 편리하다. 먼저 제목 선택이 중요하다. 제목을 보고 그 글을 읽을 것인지 말 것인지를 수초 안에 결정해 버리기 때문이다. 제목은 눈에 띄어야 하므로 질문을 하거나 '가장 중요한 이유 2가지', 이런 방식으로 숫자를 쓰면 호기심을 유발한다고 한다. 다음으로 내가 이 글을 포스팅하려고 하는 목적이 명확해야 한다. 정보 전달, 경험 공유, 느낌 공유 등 목적에 맞게 글을 쓰면 독자의 흥미를 끌 수 있다. 어렵게 쓰면 안 된다. 문해력도 문제가 되는 시대에 살고 있어서 긴 글, 생각이 요구되는 깊은 글은 외면당하기 쉽다. 자연스럽고 일상적인 언어로, 독자들이 읽고 바로 이해하기 쉽게 작성하는 게 중요하다. 이미지와 그래픽을 활용해 시각적인 효과를 높일 필요가 있다. 더 생동감 있는 경험을 제공할 수 있는 도구이기도 하다. 마무리할 때는 간결하고 강렬한 인상을 주는 마무리 문장이 중요하다. 결론을 내리는 것도 중요하지만 질문을 함으로써 적극적으로 생각할 수 있도록 유도하는 것도 좋다. 태그를 적절하게 활용한다. 네이버 블로그의 알고리즘과 연계되기 위해서는 키워드 선택을 잘해야 한다. 글을 다 쓰고 나면 이웃들과 댓글을 통해 적극적으로 응답하고 반응한다. 피드백을 수용하는 자세를 가져야 하고 공감할 수 있는 마음의 준비도 필요하다.

  블로그 글쓰기를 하면 다양한 경험을 한다. 시간이 지나면서 자연스럽게 경험치가 높아지므로 이 경험치를 토대로 시행착오를 거친 뒤 새로운 방향을 모색한다. 내 블로그를 성장시키려고 결정했다면 부지런히 벤치마킹해야 한다. 나의 부족한 점을 블로그 선배들로부터 기꺼이 배울 준비가 되어 있어야 한다.

  5월 25일부터 시작된 나의 블로그는 다양한 방식으로 꾸준히 바뀌어 왔다. 대표 사진을 만들 때는 미리캔버스를 활용했는데 디자인적 측면에서 전체적으로 얼마나 균형 있고 조화롭게 만들 것인가를 늘 고민해야 한다.

  5월 25일부터 7월 3일까지 내 블로그를 보면 제목만 보인다. 그러다가 8월 31일까지는 책 표지와 제목이 드러나게 블로그를 꾸몄다.

  9월 20일까지는 4개의 기본 디자인을 만든 뒤 책을 놓고 제목을 적는 방식을 택했다.

  11월 28일까지는 주황색 프레임을 만들어 놓고 책의 제목, 저자, 장르, 출판사, 출판일, 쪽수, 가격과 책의 주제를 써서 올렸다. 이후로는 검은 실선으로 구획을 지은 다음 책을 가운데 놓고 제목과 주제를 적는 방식으로 깔끔해졌다. 이렇게 꾸준히 벤치마킹하면서 내 블로그의 어떤 면이 약하고 어떤 면을 부각해야 하는지 관찰하고 바꾸면서 나만의 블로그를 만들어가야 한다. 이제는 트렌드를 만들어야 하는 시대가 되었다. 퍼스널 브랜딩의 시대다.

전자책 내기 열풍

블로그를 하다 보면 전자책을 낸 작가들을 많이 만날 수 있다. 일정한 분야에 관심을 가진 이웃들끼리 모여서 공부한 뒤 그것을 콘텐츠화하여 전자책을 내는 것이다. 전자책은 종이책과 달라 바로 공유 가능해 요즘에는 많이 활용되고 있다. 특히 소득을 활성화하기 위한, 즉 수익지향 블로거들의 경우 이런 경향이 많고 글을 쓰고 싶어 하는 블로거들도 많아서 글쓰기 수업을 한 뒤 공동 저자로 전자책을 만들어내는 게 트렌드인 것처럼 유행하고 있다. 누구나 작가가 될 수 있는 시대이다.

전자책을 제작하려면 먼저 책의 주제와 목적이 명확해야 하고 독자층을 고려해 적절한 콘텐츠를 선정한다. 원고를 작성하고 편집한다. 텍스트 외에 이미지, 그래픽, 도표 등을 추가해 다양한 구성을 하면 좋다. ePub, PDF, Movi 등 어떤 포맷을 사용할 것인지 결정한다. 각 포맷은 특징과 호환성이 다를 수 있으므로 사전에 잘 조율할 필요가 있겠다. 전자책 제작 도구를 활용해 디지털 형식으로 책을 변환한다. Adobe, inDesign, Calibre 등이 유용한 도구이다. 전자책의 디자인과 레이 아웃도 중요하다. 독자들이 쉽게 읽을 수 있는 배치와 폰트 등을 고려한다. 누군가의 소유로 등록된 이미지나 인용 등을 사용한다면 저작권 문제를 고려해야 한다. 소셜 미디어, 블로그, 이메일 등 다양한 도구들을 활용해 광고하고 홍보할 필요가 있다. 마지막으로 전자책 포맷에 맞춰 플랫폼에 업로드하면 되는데 다양한 전자책 플랫폼의 각 특성들을 확인하고 선택할 필요가 있다.

내 이웃 중에도 전자책을 낸 이웃들이 꽤 있다. 최근에 '찐이웃'한 분도 전자책을 냈는데 이 모든 과정을 혼자서 하느라 시간이 걸렸지만 보람 있는 과정이었다고 말했다. 그의 전자책을 읽으면서 수익화 과정에 대해 많은 것들을 배울 수 있었다. 공부하는 블로거들이 새로운 세상을 창조해 내고 있다.

함께 책 내기 열풍

서평단에 참여하면서 읽은 책 중 몇 권은 '함께 책 내기 열풍'의 결과물이었다. 블로그 이웃들끼리 온라인으로 함께 공부한 뒤 일정 기간이 지나 작성한 글을 모아 책을 내는 방식이었다. 글쓰기를 잘하고 싶은 이웃들이 많기 때문에 이런 부류의 책들도 꽤 많은 독자를 확보할 수 있다. 현재 책 내기 트렌드는 다양한 형태와 방식으로 진행되고 있다. 먼저 온라인 플랫폼이나 소셜 미디어를 통해 독서 모임을 구성하고 책을 선택해 공동으로 읽고 이를 책으로 내는 커뮤니티 기반의 책 내기가 있다. 플랫폼이나 도구의 발전으로 비대면 독서 모임이 많이 활성화되고 있다. 단체 톡방도 만들고 줌 같은 비디오 채팅을 통해 토론하고 의견을 활발하게 공유한 결과물을 책으로 내기도 한다. 개인이나 작은 그룹이 자체적으로 책을 출판하기도 한다. 독서 모임이나 블로그를 운영하는 온라인 크리에이터들이 출판사와 협업해 독자들에게 특별한 혜택을 제공하고 새로운 독서 경험을 제시하는 경우도 많아지고 있다. 관건은 인터넷의 발달로 비대면으로도 얼마든지 소통이 가능해진 시대에 우리가 살고 있다는 사실이다. 따라서 마음만 먹으면 언제든 독자에서 저자로 위치를 호환할 수 있는 시대에 우리는 살고 있다. 블로그여서 가능한 것 같기도 하다. 글을 기반으로 하기 때문이다. 글쓰기는 읽기가 선행되지 않으면 불가능하다. 읽기는 생각하는 힘을 길러준다. 비판하는 힘, 분류하는 힘도 길러준다. 문해력은 단지 글자에 대한 이해뿐만 아니라 매우 다양한 작업을 할 수 있는 큰 관문이 되어 주는 것 같다. 블로그의 매력은 글쓰기에 있다.

〈엄마 글 좀 쓰고 올게〉

이 책은 블로그 이웃들끼리 글쓰기를 통해 자기 치유와 성장에 도달했다는 사실을 고백하는 책이다. 블로그라는 독특한 공간에서 만나 서로를 이해하고 치유하는 시간을 가진 뒤 이제는 성장을 향해 가는 첫 길목에 있다. 이 책을 리뷰한 뒤 꽤 많은 이웃들이 호응했다. 글 쓰고 싶은 이웃들이 많다는 반증이기도 하다.

이들은 들어가는 글에서 이렇게 말한다.

"엄마로 아내로 살아가는 것이 전부였고 참는 것을 당연하게 생각했다. 가족을 위해 나를 뒤로 놓아두었다. 나이도 다르고 사는 곳도, 환경도, 체험도, 살아온 반경도 다른 8인이 '엄마'라는 공통점과 해결되지 않은 '결핍'을 안고 온라인 커뮤니티 공간에 모여 서로를 치유하고 위로하고 다독이고 성장하는 과정들을 모았다. 나 다운 삶을 살기로 결심한 8인은 서로에게 거울 같은 존재가 되었다."

나는 이 책 속 8인의 글 속에서 한 문장씩을 밑줄 그었다.

"나를 표현할 단어는?"
"내가 할 수 있다면 글을 쓰는 사람이면 좋겠어."
"글쓰기가 내 삶을 구원해 주었다."
"무엇이 지금의 우리를 여기까지 끌고 왔을까?"
"우리는 모두 날 때부터 가치가 있다."
"책 읽기와 글쓰기를 놓지 않았다."
"지금부터라도 공부하며 살기로 했다."
"말만 해. 엄마 부탁은 뭐든 들어줄 수 있어."

우리는 책을 읽으면서 공감하거나 깨우친다. 밑줄 친 문장들은 나의 지금, 여기와 맞닿아 있다. 이들은 글쓰기를 통해 치유 받고 함께함으로써 성장하고 있다. 글쓰기는 힘이 세다. 함께 글쓰기는 더욱 힘이 세다.

블로그 글쓰기의 특징들

[가치형 vs 수익형 글쓰기]

가치형 : 일기처럼 삶을 기록하는 블로그

가치를 지향하는 블로그는 다양한 주제로 일상과 삶을 깊이 있게 기록하고 공유하는 블로그를 뜻한다. 나의 블로그도 가치를 지향하는 블로그지만 이 블로그가 수익으로 연결될 수 있어야 한다. 왜냐하면 나의 블로그는 나의 직장이기 때문이다. 월급이 박봉이긴 하지만 이 직장을 키워서 큰 회사로 만드는 것이 이제 내가 달성해야 할 목표가 되었다. 회사는 이익 집단이다. 회사가 이익을 취할 수 있는 것은 소비자의 욕구를 충족시켜 준 것에 대한 대가이다.

그러나 소비자의 욕구는 그리 간단히 충족되지 않는다. 이익 속에 포함된 것이 있는데 그것은 바로 감성과 공감이다. 감성과 공감이 충족되지 않으면 소비자는 만족하지 않는다. 우리가 말하는 '만족'이란 어떤 의미에서 '감성'에 대한 만족이 아닐까. 감성도 공감도 자산asset이 되는 세상이 되었다. 거기에 한 가지 더 요구되는 게 있다. '진실성' 즉 정성이 들어가야 한다. 외형적인 공감이나 감성이 아닌, 있는 그대로의 '나'를 공감할 수 있는 '진실성'이 반드시 필요하다.

가치지향 블로그도 다양한 방향이 있다. 삶의 목표와 꿈에 관한 글을 쓰는 블로그가 있고 자신의 가치관, 신념, 윤리적인 고민 등을 솔직하게 나누는 블로그도 있다. 내가 읽은 책, 강의, 학습 경험을 토대로 얻은 인사이트와 교훈을 공유하는 블로그도 있다. 날마다 아주 작고 사소한 일상의 순간들을 통해 기쁨을 느낀 순간이나 감사의 마음을 공유하는 블로그도 있다. 자신의 문화적인 활동, 예술 감상, 여행 경험을 공유하는 블로그도 있다.

자기 계발을 위한 다양한 시도와 성장 과정을 기록하는 블로그도 있다. 사회 문제, 환경 문제에 대한 관심과 생각을 나누는 블로그도 있다. 건강과 행복에 대한 소소한 팁을 나누는 블로그도 있다. 이렇게 다양한 블로거들이 살고 있는 블로그는 지구 같은 물리적 장소가 아님에도 불구하고 수많은 사람들이 모여 거주하는 하나의 공간이다. 어쩌면 이 공간이 더 리얼하게 느껴질 때도 있다. 우리는 블로그를 통해 '생각'을 나누고 있기 때문이다.

몸은 시간과 장소의 제한을 받지만 '생각'은 시간과 공간을 초월하는 4차원 공간에서 산다. 차원을 넘나드는 우리의 시대는 이제 본격적으로 진행될 것이다. 인공지능이 급속도로 성장하고 진화하는 시대에 살고 있기 때문이다. 따라서 블로그 세상을 적극 추천한다. 물리적으로 혼자 있는 공간에서도 우리는 휴대폰 하나만으로 누군가와 소통할 수 있다. 모든 것은 '선택'이다. 이제는 공간을 선택할 수 있다. 내가 누구와 어떤 사람들과 소통할 것인지 적극적으로 선택할 수 있다.

나와 함께 하늘빛정원에 거주하는 함평댁님은 86세가 되었다. 요즘에는 유튜브를 통해 이미 지구별에서 사라진 전국노래자랑을 진행하던 송해님도 만나고, 온갖 노래 부르는 가수들을 만나면서 행복해하신다. 노인들은 하루가 길다고 말씀하신다. 그들의 무료한 시간들을 무엇으로 채울 것인가. 나는 함평댁님께 다양한 놀거리를 만들어 드린다. 만다라도 그리고 그림도 그리고 필사도 하고 유투브로 다른 세상도 만나고 카카오톡을 통해 자녀들과 소통을 할 수도 있다. 이 많은 도구들이 없다면 함평댁님의 그 광활한 시간은 어디에 쓰일까. 나이와 상관없이 목적과 목표를 갖지 못한 사람은 외롭고 무료하고 쓸쓸하고 공허하다. 반면에 작은 목표 하나라도 갖게 되면 그 사람은 활기를 찾는다. 블로그는 참 넓은 거대도시이다. 이 도시에서 무엇을 할 지 온전히 내가 선택할 수 있다.

수익형 : 정보와 관점으로 최적화 블로그 노출시키기

수익형 블로그는 다양한 수익 창출 방식을 조합해 지속적으로 가치 있는 콘텐츠를 제공하는 데 주력한다. 소셜 미디어를 활용해 홍보하고 해당 플랫폼의 광고 수익을 창출하기도 하고 블로거나 주최하는 이벤트나 워크샵을 통한 참가비나 교육비를 받는 형식으로 수익을 창출할 수도 있다. 블로거가 직접 제작한 전자책이나 상품을 판매해 수익을 창출하는 패턴도 있고 특별한 콘텐츠나 혜택을 제공하는 유료 멤버십 프로그램을 운영하거나 유료 구독 서비스를 통해 수익을 창출할 수도 있다.

자신만의 전문 지식이나 경험을 온라인 컨설팅 서비스나 교육 콘텐츠화하여 유료로 수익을 얻는 경우도 매우 많아지고 있다. 기업이나 브랜드와 협력해 제품이나 서비스를 홍보하는 스폰서십을 통해 수익을 얻기도 한다. 다양한 제품이나 서비스를 소개하고 링크를

연결해 판매 수수료를 얻는 방식으로 수익을 창출하기도 한다. 인터넷 사용자들에게 유용하고 가치 있는 정보를 제공하는 콘텐츠를 편집, 검색엔진에서 최적화를 통해 노출을 높여주는 방식으로 수익을 창출하기도 하는 등 참으로 다양한 정보와 관점과 노하우를 제공함으로써 수익으로 전환시키는 블로거들이 늘어나는 추세이다.

[수익형 글쓰기와 가치지향형 글쓰기는 패턴이 다르다]

가치지향형 글쓰기는 주로 깊이 있는 지식이나 정보를 전달하고 이웃들과의 소통을 중시하는 글쓰기로 글의 퀄리티에 중점을 두고 내용의 질을 높이려 노력한다. 이웃들과의 소통을 중요하게 생각하고 이웃들과의 신뢰와 공감에 더 높은 가치를 둔다. 반면에 가치지향형 글쓰기는 콘텐츠의 생산성이 중요하고 대중적이고 관심을 끄는 주제를 선정해 다수의 이웃을 유치하고 광고 수익을 극대화하는 게 글쓰기의 목표다. 상품 추천, 서비스, 제품, 콘텐츠 등을 적극적으로 알리는 것이 목표이므로 패턴 자체가 다르다고 할 수 있다.

나의 경우는 어떨까? 책을 읽고 서평하는 글쓰기는 가치지향형 글쓰기라면 '예스이지 영어 회화'는 수익지향형 글쓰기에 가깝다. 이 둘을 병행하면서 느끼는 것은 영어 회화는 쉽게 들렀다 가볍게 돌아갈 수 있는 콘텐츠이므로 이웃들이 큰 부담을 느끼지 않는다는 것이다. 반면 글쓰기 포스팅은 차분하게 생각을 집중해야 한다. 그 속에 아무리 귀한 보석이 있다 하더라도 그것을 캐내는 데 걸리는 시간과 바꾸고 싶어 하지 않는 이들은 머물 수 없다.

그래서 책 서평 블로그는 가치를 지향하는 이웃들이 모여 차분하게 쉬어가는 곳이고 영어 회화 블로그는 가볍게 엉덩이를 내려놓았다가 벌떡 일어나도 좋은 그런 곳이다. 무엇을 하든 재미가 있어야 꾸준히 소통이 가능할 테니 서평 블로그는 서평 블로그대로, 영어 회화 블로그는 블로그대로 자신만의 개성에 맞는 이웃들이 모이는 멋진 공간으로 만들어야 할 의무가 나에게 주어진 미션이다. 회화도 처음에는 회화만 포스팅했는데 지금은 인문학적 사유를 조금씩 끼워 넣고 있다. 영어 공부라는 명확한 목표가 있으니 사유의 글들도 흔쾌히 읽고 생각하는 여유를 갖는 이웃들을 보면서 블로그 포스팅 하나하나마다 얼마나 정성을 쏟아야 하는가를 느낀다.

문학 블로그와 영어 회화 블로그를 분리해야 될까 고민 중이다. 장르가 다르기 때문이다. 지금 사용하는 '3bluenote' 블로그는 예스이지 영어회화 블로그로 특화하고 새롭게 책 서평 블로그를 만들어야겠다고 생각 중이다. 블로그는 나의 직장이다. 나는 새벽에 일어나 밤에 잠들 때까지 거의 대부분의 시간을 블로그에서 살고 있다. 블로그가 직장이라면 수익이 발생해야 한다. 내가 가진 재능으로 먹고사는 세상이다. 나는 이 재능을 가지고 블로그라는 직장에서 얼마만큼의 수익을 내고 있는지 스스로를 평가한다. 아직 진행 중이다. 올해는 블로그 소통으로 새로운 세상으로 이전하는 결과물을 만들어 내겠다고 결심했다. 생각이 먼저라고 했으니 반은 이루었다. 이제 필요한 것은 꾸준한 행동이다. 생각과 행동이 합체하면 비로소 결과물에 도달한다.

블로그 초보 글쓰기

[블로그 글감은 어떻게 찾을까?]

블로그의 기반인 글쓰기. 어떻게 해야 할까? 다양한 이웃 중 글쓰기가 안정적이어서 자신의 의도를 충분히 혹은 심도 있게 전달하는 이들도 있지만 이제 막 블로그에 입문한 새내기들도 많다. 블로그 글쓰기의 첫 번째 조건은 부담이 없어야 한다는 것이다. 내가 부담을 느끼지 않고 편안해야 오래 블로그에서 살아갈 수 있다. 날마다 경험한 사소한 일상 이야기를 아주 짧게만 남겨 놓아도 누군가 그 글을 읽고 공감하거나 위로를 받을 수도 있다. 그렇게 조금씩 나와 대화가 통하는 이웃들이 늘어나고 자연스럽게 쓰고 싶은 이야기들만 쓰다 보면 곧 나만의 주제를 만나게 된다.

내가 관심 있는 주제를 선택해 그것을 공부해 가며 글을 써 보는 것도 나를 성장시키는 훌륭한 방법이다. 조금씩 블로그 분위기에 익숙해지면 본격적으로 글을 구상해도 좋다. 내가 구체적으로 이웃들에게 말하고 싶은 것, 알려주고 싶은 것, 나누고 싶은 것들을 계획하고 그 아이디어를 메모하는 습관도 필요하다. 한 꼭지를 정해 글을 쓰겠다면 먼저 목차를 만들어 보고 중요한 아이디어를 정리하는 습관도 좋다. 이때 마인드맵을 활용하면 쉽게 정리할 수 있다. 문장은 간결하게, 표현은 명확하게 쓰는 습관을 들여야 한다. 글과 글 사이에 이미지나 그래픽을 추가하면 시각적인 효과를 발생시켜 가독성이 높아진다.

제목은 특히 중요하므로 독자들의 관심을 끌기 위해 흥미로운 제목과 글의 핵심을 첫 문장에 넣어 독자들을 끌어당기는 방법을 고민할 필요가 있다. 내 글에 댓글이 달리면 답하면서 피드백을 주고받아야 한다. 업데이트는 정기적인 편이 좋다. 하루 한 개의 포스팅이 적당하다고 하는데 이는 생활인들에게는 쉽지 않을 수도 있다. 주말에 시간이 나서 몇 개의 포스팅을 해 놓는다면 예약을 걸어 놓으면 좋다.

[블로그 꾸미기]

내 블로그의 주소는 3bluenote이고 간판은 '블루노트책방'이다. 아이디어가 떠오를 때마다 수시로 점검하면서 바꿔왔다. '책 읽어주는 여자 블루노트 이서영'에서 '블루노트책방'이 될 때까지 '북테라피스트'인 적도 있다. 나의 정체성을 늘 고민한다. 나는 PC와 모바일 중 대개는 모바일로 작업하고 포스팅하고 있다. PC에 익숙해지지 않는다. 시간이 부족한 탓도 있다. 모바일로 할 수 없는 작업만 PC를 켜서 작업한다. 모바일에 보면 '홈 편집'이 있다. 클릭하면 '이미지 변경'이 가능하고 '커버 스타일'도 8가지 방식이 있으니 선택하면 된다.

나는 '커버 6'의 방식을 선택했다. '홈 편집' 속에는 소개, 전화번호, 주소를 남겨 놓을 수 있고, 외부채널과의 링크도 가능하다. 유튜브, 페이스북, 인스타그램, 스토어팜, 카카오 플러스 친구 등 다양하다. 주소를 복사해 붙여넣으면 된다. '목록 탭 & 뷰 타입'이 있어 선택이 가능하다. 나는 '카드형'을 선택했다. '모먼트'는 짧은 동영상을 올리는 곳이다. '인기 글/대표 글'을 설정할 수 있다. 내 블로그 포스팅 중에서 주소를 복사해 붙여넣기로 저장한다.

메인 사진을 넣는 곳도 있다. 카메라 모양을 클릭하면 '갤러리', '카메라', 'GIF' 중 선택할 수 있다. 나는 생각날 때마다 갤러리에 저장된 사진을 선택해 메인 사진을 바꾸기도 한다. 모두 다 처리했다면 오른쪽 맨 위에 있는 '적용'을 누르면 지금까지 작업한 환경들이 적용된다.

[나는 블로그 건물주다]

나는 스스로 '아날로그'로 규정해 왔다. 하지만 이제는 '디지털' 시대이다. 디지털 시대에 아날로그로 사는 것은 두 가지 생존 유형이 있다. 모든 게 넉넉해서 아날로그로 살아도 족한 경우, 아니면 디지털 시대를 따라가지 못해 도태되는 경우. 코로나19 팬데믹 이전이라면 나는 도태되어 사라졌을 것이다. 아날로그에 대한 향수가 강한 편이기 때문이다. 하지만 이젠 디지털 시대에서 생존하려고 한다.

디지털 노마드로 살다가 다시 아날로그로 돌아갈 '내 맘대로 권리'를 획득할 수 있을 때까지 역동적으로 배우고 변화하는 삶을 통해 생존을 넘어가려고 한다. 변화한다. 능동적으로 변화한다. 공부한다. 능동적으로 공부한다. 내 두 번째 천성, 즉 습관이 나를 자유롭게 할 때까지. 그러므로 수시로 체크하자. 모바일의 '홈 편집'도 수시로 들어가 바꿔 보고 PC에 들어가 수시로 확인해 보고 들여다보고 공부하자.

이 공부가 충분해지면 이것이 자산asset이 되어 이것을 가르치는 선생이 될 수 있다. 이제는 모든 것이 수익으로 연결되고 환산되는 시스템 속으로 진입한다. '어떻게 하면 이것을 수익으로 전환할 수 있을까?' 이 고민이 나를 새로운 환경에 놓이게 할 것을 이제 안다.

고민하고 새로운 대안을 찾고 이동하고 새로운 공간을 건설하고 그곳을 '찐 이웃'들로 가득 차게 만드는 것이 나의 미션이다. '책'과 '영어'를 한곳에 모아두다가 요즘에는 새로운 대안을 찾고 있다.

'블루노트책방'이 이제 '예스이지 영어 회화'로 가득해졌다. 지금 집중하는 아이템이 '영어 회화'가 되었으니 이 방을 '예스이지 영어 회화'로 이름을 바꾸고 새로운 '블루노트책방'을 만들어 이사를 해야겠다. 그러면 나는 두 개의 블로그 건물주가 된다. 아, 요즘 가장 핫한 꿈의 직업이 '건물주'라고 한다. 나는 이제 두 채의 건물을 지닌 건물주가 되겠다. 오프라인에서 구매하던 물건들을 이제는 온라인에서 구매한다. 온라인으로 세상이 옮겨오고 있다. 매체가 발달하고 통신이 발달한다. 대안이었던 것들이 주체가 되고 주체였던 것들이 뒤로 물러난다. 빠른 속도로 유행이 바뀌고 있다. 트렌드를 따라잡는 것, 함께 걷는 것, 그러다가 트렌드를 주도하는 것, 할 수 있다면 우리가 해야 할 일이 아닐까.

서평단을 통해 읽은 책들

03 서평단에 참여하다

즐거움은 내가 무엇을 해야 할지 가르쳐 주는 큰 스승이다.

-프리드리히 니체, 철학자

가치지향 블로거의 첫 도전

[서평단 참여하기]

　본격적으로 블로그에 책을 읽고 후기를 작성하는 글쓰기를 시작한 지 두 달쯤 지났을 때, 한 이웃의 블로그에서 '공유'된 글을 읽게 되었다. 신간 도서인데 이 책을 읽고 서평을 쓸 블로거들을 모집한다는 내용이었다. 전국에 있는 출판사들이 신간 도서가 나오면 블로거들의 글을 통해 씨앗처럼 책을 알리고 퍼뜨리는 과정으로 '서평단'을 모집한다는 사실을 알게 된 것이다. 눈이 동그래졌다. 그래서 출판사 블로그에 들어가 '서평단'에 참여하는 방법을 읽어보았다.

　내 블로그에 공유한 뒤 내 블로그의 주소를 출판사 블로그의 댓글 란에 비밀댓글로 적어 놓는다. 그러면 서평단에 참여한 많은 블로거들의 주소를 따라 들어가 블로그를 평가한 뒤 출판사에서 3명에서 10명의 서평단을 선정한다. 서평단을 만난 것은 놀랍고 신기한 경험이었다. 이를 계기로 나는 거의 하루에 한 권 정도의 서평단에 참여해 서평을 쓰게 되었다. 7월 무렵 첫 서평을 쓴 뒤로 150여 권의 책을 전국에 있는 출판사들이 보내주는 책을 받아 읽으며 서평을 썼다. 다음Daum이나 네이버Naver에 '블루노트책방'이나 '예스이지 영어회화'를 검색하면 많은 책들의 서평을 만날 수 있다.

[도서 서평 전문 카페를 만나다]

처음에는 이웃의 '공유'를 타고 들어가 출판사의 신간 도서 서평단을 신청하고 선정이 된 책이 북카페에 도착하면 책들을 날짜별로 정리해놓고 읽고 서평을 쓰는 날들이 계속되었다. 그러던 어느 날, 출판사가 아닌 도서 서평 전문 카페를 만나게 되었다. 카페는 잘 활용하지 않았으므로 낯설었다.

처음 가입한 도서 전문 카페는 '리뷰어스 클럽'.
먼저 가입한다. 가입 인사를 남긴다. 공감이나 댓글을 달면서 신입회원임을 알린다. 카페를 차분히 들여다보았다. 처음에는 낯설어서 복잡하지만 찬찬히 들여다보면 길이 보였다. 나는 다른 회원들의 서평들을 읽어보았다. 1,000자 정도 쓰면 된다. 5장 정도의 책에 관한 사진을 스크랩한다. '#'표시를 하고 각각의 책이 말하고자 하는 키워드들을 적는다. 제목, 저자, 출판사 이름, 카페 이름, 책의 키워드 등을 기입한다. 카페에는 날마다 몇 권의 책들이 서평단을 모집하고 있었다. 책을 놓아버린 세상이라고 생각했는데 날마다 이렇게 많은 책들이 세상에 태어나고 있다는 사실이 참으로 놀라웠고 서평단에 참여하고자 하는 회원들도 너무 많아서 또 놀랐다. 점차 카페의 구조에 익숙해지자 내 취향에 맞는 책들을 골라 서평단에 참여하기 시작했다. 이곳에 안착하고 나니 다른 곳에 굳이 신경 쓰지 않아도 될 만큼 책들은 꾸준히 북카페에 도착했다.

서평은 다음이나 네이버에 상위 검색이 되면서 '블루노트책방'은 다양하게 노출되었다. 카페에 가입하면 각 카페마다 기준이 있다. 내가 가입한 카페에서는 알라딘, 교보, 예스24 등 인터넷 서점에 서평을 올려야 한다. 카페에도 복사하는 게 아니라 글을 요약해서 올려야 한다. 블로그는 가장 기본이다. 네이버 블로그는 수많은 블로거들에 의해 거대한 성을 구축하고 있다.

　두 개의 도서 서평 전문 카페에 가입했다. 두 번째 가입한 카페는 '북유럽'이었다. 블로그 서평을 읽은 이웃 한 분이 자꾸 이 카페를 소개했다. 처음에는 관심 갖지 않았지만 두 개의 카페라면 더욱 선택권이 다양하겠다는 생각이 들어 두 번째 카페에 가입했다. 도서 서평 전문 카페라서인지 구조와 요구 사항은 다르지 않았다. 시간이 지나면서 도서 전문 블로거인 인디캣님이 진행하는 서평단에 참여하게 되었다.

책 선정 기준

　블로그에 본격적으로 서평을 쓰기 전까지 내가 선택했던 책들은 대개 문학, 종교, 철학, 사회학, 교육, 심리학 등에 관한 책이었다. 말하자면 아카데믹한 책들과 세상에 널리 인정받는 책들이었다.
　"나 이 책, 읽었어."하면 "아하!"하고 독서력이 있는 이들이라면 고개를 끄덕일 만한 책들을 읽어왔다. 하지만 블로그에 진입하고 나서 나는 방향을 수정했다. 지금까지 읽어온 책들이 아닌 다른 종류의 책들을 읽고 싶었다. 기존의 방식을 고수하는 것은 새로운 나를 만나는 데 방해가 되기도 한다. 말하자면 나를 깨우는 '도끼' 같은 책들을 만나고 싶었다. 지금까지는 나의 정신세계를 깨우는 도끼였다면 이제부터 내가 갈아야 할 도끼들은 이 세상에서 살아남기 위해 필요한 도끼였고 또한 사람들의 생각들을 읽기 위한 도끼였다. 지금까지는 나의 정신적인 양식으로서의 독서였다면 이제부터는 나에게 경제적인, 물질적인 밥을 만들어 줄 수 있는 독서를 시작해야겠다고 결정하였다.

지금까지의 독서와 차이를 두다

처음에는 문학에서 출발하여 점점 다른 방향의 책들을 읽기 시작했다. 2016년 3월 9일, 구글의 딥마인드가 개발한 알파고가 우리나라에 와 이세돌과 대국을 진행했다. 이후 2022년 11월 30일, 오픈AI가 챗GPT를 개발해 우리를 놀라게 했다. 채팅형 AI가 대세다. 이 인공지능 시대는 날마다 우리를 놀라게 한다. 인공지능이 대신 글을 써 주고 그림을 그리고 음악을 만든다. 공부해야 따라가겠다고 생각했다. 관심 갖지 않으면 배울 수 없다. 나는 적극적인 배움을 선택했다. 생존하기 위해 기존의 내가 선택하지 않고 외면했던 분야의 공부를 해야겠다고 결정했다.

인공지능에 관한 책들은 나에게 새로운 시야를 터주었다. 키오스크만 봐도 불편했던 마음이 점점 친숙함 쪽으로 이동하는 것을 느낄 수 있었다. 블로그의 수익화에 관한 책들도 살펴보았다. 영문법에 관한 책들도 자주 출판되었다. 나의 먹거리였던 영문법에 관한 책들은 트렌드를 파악하는 데 도움이 되었으므로 서평단에 올라올 때마다 신청했다. 가치지향에서 수익지향으로 이전하기 위해서는 기존의 나를 조금씩 바꿔 새로운 나를 만나는 것이 급선무였으므로 나는 서평단에 신청한 책들을 통해 점점 다른 세상을 만나게 되었다.

수많은 출판사와 인연을 맺다

다양한 부류의 책들을 읽어 왔지만 출판사에 대해서는 관심이 그다지 없었다. 하지만 서평단에 참여하다 보니 출판사를 인지하게 되었는데 종이책을 읽는 독서인구가 줄어드는 형국임에도 불구하고 출판사들은 여전히 많았다. 내가 서평을 통해 만난 출판사만 해도 30~40여 개는 족히 될 것이다. 8월에는 38권, 9월에는 39권을 읽는 등 출판사의 책들은 부지런히 북카페에 도착했다.

[전문출판사의 책들]

전문출판사의 책들은 인지도가 높다. 광고를 많이 해 인지도를 높이기도 하지만 서평단에 참여해 보니 서평단들이 개미부대처럼 돌아다니면서 다양한 SNS에 민들레 홀씨처럼 책들에 관한 소식을 퍼뜨리고 있었다. 나 또한 서평단에 참여하게 되면서 블로그, 카페,

카카오스토리, 카톡, 페이스북, 인스타그램, 밴드 등 다양한 채널에 글을 써서 알렸다. 특히 온라인 서점인 알라딘, 교보, 예스24에 올리는 서평들은 다른 독자들이 책을 선택할 때 바로미터가 되기 때문에 매우 중요한 역할을 하고 있음을 깨닫게 되었다. 전문출판사의 책들은 대개 문학서나 자기계발서였다.

[자비 출판사의 책들]

자비 출판사의 책들을 만나면서 내가 놀랐던 것은 부침이 심하다는 사실이다. 말하자면 완성도가 매우 높은 책이 있는가 하면 아직 걸음마 중인데 책으로 세상에 나온 것들도 간혹 보였다. 이 경우 서평을 하려면 여러 번 쓰다 지우고 쓰다 지우기를 반복해야 했다. 할 말이 없기 때문이다. 출판사에서 서평단을 진행하는 이유는 그 책을 독자들에게 알리기 위해서다. 하지만 독자의 입장에서 보면 책 한 권에 15,000원~20,000원이나 하는 책을 구입하려면 몇 번 고려에 고려를 거듭해야 한다. 따라서 내 서평을 읽고 책을 구입하는 독자들이 많은데, 완성도가 떨어지는 책을 서평했을 때 좋은 부분만을 염두에 두고 책을 구입한 뒤, 실망하게 하면 안 되지 않을까 하는 생각이 들게 하는 책들도 몇 권 있었다. 하지만 다시 생각을 뒤집었다. 책을 쓰고 싶은 열망이 이런 경험을 하게 했다면 다음번에는 좀 더 완성도 높은 글을 쓰게 되지 않을까 스스로에게 위로해주었다.

어떤 시인이 쓴 시집은 나의 블로그 이웃이 쓴 책이었는데 얼마나 많은 이들의 축하를 받았는지 나도 인지하고 있을 정도였다. 출판사 서평단이 있어 '그럼 읽어봐야지'하고 선택했다가 낭패를 본 적이 있다. 시는 '고도의 상징'이다. 아무나 쓸 수 있을 것 같지만 아무나 쓸 수 없는 게 또 시라는 장르이기도 하다. 그렇다면 좀 더 공부와 내공과 깊이를 요구하는 시 쓰기 작업에 삶이라는 재료까지 잘 버물려 튼실한 의미가 글 아래로 졸졸졸 흘러가는 소리까지 들을 수 있다면 참 좋겠다는 생각이 들었다.

[솔아북스출판사]

솔아북스출판사도 자비 출판사인데 솔아북스출판사에서 책을 내려면 내가 아는 작가여야 한다. 나와 친밀감을 형성해 내가 책을 내려고 하는 그 작가를 인지하고 있어야 한다. 책은 일단 한 번 세상에 나오면 무효!가 불가능하다. 물질성을 획득하기 때문이다. 그러므로 아무 책이나 낼 수 없다. 그 사람의 삶의 깊이가 오롯이 묻어나는 책을 낼 수 있어야 한다. 그러려면 출판사 대표가 작가를 충분히 이해하고 있어야 한다. 평생지기가 되기 때문이다.

[자비출판의 장단점]

자비 출판사의 장점은 누구나 책을 낼 수 있다는 점이다. 책의 최초의 독자, 첫 독자는 저자 자신이다. 책은 한 번 세상에 나오면 회수 불가능하다. 그러므로 내 얼굴인 책을 그냥 내면 안 된다. 몇 번 감수하고 수고하고 고민하고 성찰한 뒤에 세상에 나와야 한다. 세상과의 새로운 인연이 시작되는 지점이기 때문이다. 자비 출판사의 단점은 아무나 책을 낼 수 있다는 것이다.

공인으로서의 책

최근에 한 책을 서평했다. 이름을 말하면 누구나 "아, 그 작가!" 할 저자인데 이 책을 포스팅하고 한 독자와 여러 이야기들을 나눴다. 카톨릭인 저자는 한 카톨릭 신부를 고소한 적이 있었다. 이는 매우 큰 이슈가 되기도 했는데 이 저자가 비난한 신부는 무죄로 증명되었다. 비난의 화살을 받았던 신부에게 그 저자는 미안하다는 사과 한마디 하지 않았다고 한다.

이 이야기를 하면서 슬퍼하는 지인을 보면서 마음이 복잡해졌다. 무언가를 깨달았다고, 순례 여행을 다녀와 책을 쓴 저자의 이야기를 읽고 포스팅한 나는 지인의 이야기에 다소 당황스러웠다. 그래서 늘 포스팅하던 다른 네트워크에는 가능한 한 올리지 않고 자제하게 되었다. 책은 공인이 되는 과정이다. 책을 세상에 내놓게 되면 저자를 모르는 불특정 다수들이 그 책을 읽으며 새로운 사유의 체계로 이전하는 과정을 경험한다. 책과 앎과 삶이 같지 않으면 다소 당혹스럽게 느껴진다는 사실을 배우는 계기가 되었다.

도서 전문 블로거

[다양한 책을 읽는 블로거]

서평단에 참여해 읽은 첫 책은 테리 버넘의 〈비열한 시장과 도마뱀의 뇌〉였다. 다산북스출판사에서 발행한 419쪽짜리 경제 서적이었다. 2008년에 도서 출판 '갤리온'에서 나온 책을 다산북스가 복간했다. 경제처럼 빠른 속도로 움직이는 게 없는데 20년 가까이 지난 책을 복간한 이유는 무엇일까? 고개를 갸웃하면서도 읽어내려갔다. 한국은 이미 글로벌한 공간이다. 미국 경제와도 긴밀하게 연동되어 있는 게 신자유주의체제의 국제 경제일 것이다. 저자는 '한국 노동시장이 견고하고 취업자 수는 사상 최고 수준이지만 이는 기록적일 만큼 많은 60세 이상 고령층이 경제적 압박 때문에 노동시장에 재진입하고 있기 때문이라고 진단했다. 과로, 저임금, 경제적 스트레스로 인한 한국인의 경제 상황'을 진단한다. '도마뱀의 뇌'가 어떤 의미인지 배웠고 '현실 세계에서 투자에 성공하려면 왜 비합리성의 편에 서야 하는지' 배웠다.

〈셰익스피어 카운슬링〉

이 책은 다산북스에서 나왔고 저자는 체사레 카타이다. 부제로는 '인생의 불안을 해소하는 10번의 사적인 대화'였다. 처음에는 셰익스피어의 작품과 심리학이 연결된다는 사실이 생소했으나 읽다보니 절묘하게 이어지는 접점에 탄성이 나왔다. 그래서 이 책은 두 번 리뷰했고 한 번 더 리뷰하겠다는 약속을 했으나 다음 책들이 기다리고 있어 약속을 지키지 못했다. 저자 체사레 카타는 이탈리아 출신의 철학자, 교사, 작가이며 연극연출가이다. 르네상스 철학, 비교철학, 문학 심화 연구 등 다방면에서 깊은 공부를 한 흔적이 책 속에 묻어났다. 〈마법의 오후〉라는 연극을 연출했는데 3년 동안 300회 이상 무대에 올렸다. 대중을 위한 문학과 일상의 다양한 접점을 찾아가는 열렬한 실천가이며 셰익스피어 스페셜리스트이기도 하다.

셰익스피어는 16세기에서 17세기 극작가이다. 언어로 구성된 모든 것에 통달했다는 찬사를 듣는 그는 현대 영어의 초석을 다졌다. 셰익스피어 이전 영어는 대중의 언어였고 귀족들은 프랑스어를 주로 사용했다. 인도와도 바꾸지 않겠다고 할 만큼 그가 영어와 영국에 끼친 영향력은 대단하다. 셰익스피어의 희극, 비극, 역사극들은 작품마다 폐부를 꿰뚫으며 적확한 감정선을 건드렸고, 시대, 문화, 공간을 뛰어넘는 작품을 썼다. 당시에는 존재하지도 않았던 새로운 단어와 숙어들을 약 2,000개쯤 만들어냈다고 하니 그의 탁월한 언어 감각을 미루어 짐작할 수 있는 대목이기도 하다. 두 단어를 결합하거나, 동사를 형용사화하거나, 명사를 동사화하거나, 접두어나 접미어를 붙이는 등 다양한 방식으로 단어를 만들어냈으므로 영국의 언어는 셰익스피어 이전과 이후로 나뉜다고 한다.

저자 체사레 카타가 처음 〈햄릿〉을 읽은 것은 1997년, 열여섯 생일을 앞두고 혼자 여행하고 있을 때였다고 한다. 그녀는 세 번이나 연달아 〈햄릿〉을 읽으면서 "인간이 그토록 심오하고 수준 높은 사상적 경지에 오를 수 있다는 사실에 눈이 번쩍 뜨였다"는 표현을 썼다. 나는 그녀의 이 표현을 듣고 놀랐다. 16세 소녀가 혼자 여행하면서 〈햄릿〉을 세 번이나 읽으면서 문학작품에 이토록 놀라운 공감을 표현할 수 있다는 사실이 매우 놀라웠다. 그녀는 16세 때, 그 순간의 깨달음을 평생 부적처럼 지니고 다녔다고 한다.

이 부분에 이르러 나는 지금의 우리는 어떻게 만들어졌는가에 생각이 미쳤다. 어릴 때의 우리가 평생의 우리를 지배한다. 지금의 우리는 '지금까지 읽어 온 책'이라는 말이 있는 것처럼 우리의 사유 체계를 이루는 데 도움을 준 많은 책, 그 책 속 지식, 그 지식을 전해 준 사람들을 떠올리면 '우리'를 이루는 각 개체가 얼마나 대단한 존재인지 새삼 놀라게 된다.

이 책은 10가지 질문을 던지고 그에 대해 심리학적, 철학적 답변이 셰익스피어의 작품 속 인물과 상황을 중심으로 주어진다. 이 책의 존재 이유이거나 이 책이 많은 독자들을 끌어당긴다면 바로 이런 질문들 때문일 것이다. 많은 이들이 이런 질문 속에서 답을 찾지 못하고 살아가고 있기 때문에. 저자는 질문과 답을 찾기 위한 셰익스피어의 작품을 이렇게 배치했다.

'하는 일마다 족족 꼬인다면?' 〈한여름 밤의 꿈〉
'문득 타인이 괴물처럼 느껴진다면?' 〈맥베스〉
'평생 사랑하지 못할까 봐 두렵다면?' 〈헛소동〉
'스스로 그 무엇도 해낼 수 없다고 생각된다면?' 〈헨리 5세〉
'이유 없는 불안이 내 마음을 지배한다면?' 〈오셀로〉
'감당하기 힘든 일이 폭풍처럼 몰려온다면?' 〈템페스트〉
'이별의 상처로 그 누구와도 만나고 싶지 않다면?' 〈안토니와 클레오파트라〉
'삶에서 가장 어두운 터널을 지나고 있다면?' 〈햄릿〉

'내 감정을 원하는 대로 관리하고 싶다면?' 〈로미오와 줄리엣〉
'한번은 원하는 인생을 살고 싶다면?' 〈뜻대로 하세요〉

나는 대학에서 영어영문학을 전공으로 공부하면서 셰익스피어의 희곡 작품들을 읽은 적이 있다. 16세기, 17세기의 구태의연한 작품을 왜 공부하는가에 대해 의문을 품었었다. 하지만 체사레 카타는 목소리를 높이지도 않고 차분한 목소리로 독자들을 감동의 순간으로 이끌며 '아, 그렇구나.'라는 깨달음으로 고개를 주억거리게 만든다. 고전을 고전답게 만드는 것은 고전 그 자체의 향기도 있지만 그것을 재해석하는 이의 사고의 깊이와 방향이 얼마나 중요한가에 대해 깨달았던 각성의 순간이 독후감으로 남았다.

〈0원으로 시작해서 월 1,000만 원 버는 블로그〉
이균재 저자가 썼고 위너스북출판사에서 나왔다. 나는 이 책을 2023년 8월 7일에 블로그에 서평했다. 서평에 이렇게 썼다.
"나는 블로그를 본격적으로 시작하기 전에 카카오스토리를 기반으로 10년 넘게 아침 편지를 비롯, 공부한 것들을 포스팅해왔다. 그래서 오늘 아침 포스팅은 8,591번째를 기록했다. 하지만 블로그와는 달리 카카오스토리는 축적은 될지언정 다른 재료로 활용하기 어렵다는 사실을 최근에야 깨달았고 5월 25일, 본격적으로 블로그 세상으로 이사 왔다."
이 책은 네이버 블로그 2,500만 명의 누적 방문자를 가진 파워블로거이며 패션 인플루언서인 이균재 님의 블로그 설명서이다. 그는 온라인 강의에서 블로그 마케팅을 하고 있다. 최근 온라인 수강생 누적 1만 명을 돌파했다고 한다. 나 역시 블로그에 대한 ABC를 알지 못해 그의 온라인 강의를 신청했다. 관심 분야가 다르지만 나의 블로그를 개선하는 데 큰 도움을 받았다.

〈퍼스널 잡 메이커〉

저자는 다양한 실패를 통해 어려움이 많았지만 바로 이 시간과 경험을 통해 '새로운 시간과 방법으로 살아가는 방법'을 터득했다고 한다. 이현정 저자다. 20대부터 다양한 직업을 경험했다. 현재는 퍼스널 잡 코칭 전문가로 무한직업을 설계하고 실행, 성장하는 법을 알려준다. 예전 같으면 독서목록에 오르지 못했을 것이다. 하지만 생존형 독서의 경우 이 책은 좋은 길잡이 역할을 해주었다. 먹고 사는 문제는 누구도 피해갈 수 없고 평생학습 시대가 되었다. 따라서 무한직업을 달성하려면 나의 관심사와 적성을 파악하고, 지속 가능한 직업을 위해 나 자신을 탐구해야 한다. 또한 경쟁력 있는 나로 성장하기 위해 어떤 '사고'와 '행동'이 필요한가를 꾸준히 고민해야 한다. 마지막으로 내가 해 온 일과 경험을 통한 '시행착오'를 점검해 타산지석으로 삼아야 함을 강조한다.

저자가 말하는 '무한 직업(infinite career)'는 무한한 가능성(infinite possibilites), 참신함(novelty), 유연성(flexibility), 진실성(integrity), 연결성(networking), 개성(individuality), 기술 활용(technology), 지속적인 교육(education)을 합한 의미이다.

저자는 이러한 '무한직업'을 위해 먼저 마인드 셋을 구축하고, 목표를 설정하고, 내가 가진 자질과 경험을 바탕으로 누구도 대체할 수 없는 나만의 스타일을 탐구해 대체할 수 없는 가치를 창출하라고 말한다. 내 자질과 경험을 통해 나만의 콘텐츠를 만들 것. 지금의 내게 매우 커다란 울림을 주는 조언이다. 그런데 더 중요한 것은 이것이 바로 '타인의 문제 해결과 욕구 해소'에 초점을 맞춰야 한다는 사실이다. 이제는 가치든 수익이든 최종 도착지점은 상생이다. 서로에게 도움이 되어야 하는 시대가 된 것이다.

저자는 말한다. 성장의 시기가 도래하면 반드시 신호가 온다. 사람이 모이고, 융합된 기회가 생기고, 퍼펙트 타이밍을 캐치하게 된다. 이때 겸손해야 한다. 성장 국면으로 접어들면 겸손함과 성실함으로 지속가능성을 확보하라. 적극적인 사고방식, 걸림돌을 디딤돌로 만드는 역량은 온전히 나의 몫임을 배웠다.

[IT 시대를 읽는 블로거]

〈지피지기 챗GPT〉는 오승현 저자의 책이다.

이 책에서 저자는 챗GPT의 탄생과정과 배경을 짚는다. 사용자 1억 돌파에 틱톡은 9달 걸렸는데 챗GPT는 두 달 걸렸다. 무슨 의미일까? 새로운 문명의 급속한 발전을 우려하는 부류가 있는 반면에 이를 열광하고 환호하는 부류 또한 존재한다는 의미일 것이다.

며칠 전 읽은 기사에 애플이 만든 '비전 프로'에 관한 이야기가 있었다. MR(혼합현실) 헤드셋으로 가상 현실을 눈 바로 앞에서 구현해내는 기기이다. 최대 500만 원이 넘는 고가의 제품이어서 누가 살 것인가라는 시니컬한 반응이 있었지만 놀랍게도 온라인으로 선주문을 받았는데 약 30분 만에 매진되었다고 한다. 온라인 구매 시에도 6주나 7주가 지나야 수령할 수 있는데도 불구하고 이렇게 인기를 끌었다.

챗GPT는 2022년 11월 30일 출시와 동시에 5일 만에 100만 명의 사용자를, 1개월 만에 1,000만 명, 2개월 만에 1억 명의 사용자를 확보했다. 모든 질문에 거침없이 답하고 조언도 하고 농담도 건네는 인공지능이다. 딥러닝Deep learning이란 정보를 주면 스스로 학습할 수 있는 상태를 뜻한다. 챗GPT가 그렇다. 말과 글을 이해하고 표현하는 인간의 능력을 내장한 인공지능. 챗GPT 3.5는 수많은 책들, 위키피디아, 웹사이트 등에서 추출한 방대한 데이터를 학습했다. 나도 챗GPT에게 자주 질문하고 답을 얻는다.

하지만 언제나 옳은 답을 주지는 않는다. 오류가 있다. 이 오류를 지적하지 않으면 챗GPT는 잘못된 답을 다른 이들에게도 줄 것이다. 학습을 통해 오류를 바로잡을 수는 있지만 이 많은 지식을 보유하고 있는 챗GPT도 자주 실수한다. 챗GPT는 질문을 하면 절대 모른다고 말하지 않는다. 어떻게든 자신이 아는 지식을 조합해 답을 준다. 부정확한 이 지식을 '할루시네이션hallucination'이라고 부른다. '환각'이라는 뜻이다. 우리는 생성형 AI의 시대에 본격적으로 접어들고 있다. 어제 읽은 기사에는 생성형 AI가 만든 사람이 얼마나 진짜 같은지 실험을 해 보았는데 대부분 진짜와 가짜를 구분하지 못했다고 한다. 이제 디지털 리터러시의 본격적인 준비가 요구된다. '디지털 문해력'의 시대에 접어들었다.

〈프롬프트 엔지니어링 교과서〉

이 책은 서승완 저자에 애드앤미디어에서 나온 책으로 리뷰어스북클럽 카페를 통해 읽었다. 프롬프트 엔지니어링, 이름도 생소하다. '프롬프트prompt'는 원래 '연극에서 배우에게 대사나 동작을 지시하는 행위'를 뜻하는데 현재는 그 역할이 기계식 프롬프트로 대체되어 인식된다. 프롬프트는 단순한 명령어 입력이 아니다. 각 개인이 지닌 의도나 목적을 인공 지능에게 구체적으로 전달해야 한다. 좋은 프롬프트를 넣어야 좋은 답변을 얻을 수 있다. 나도 챗GPT를 활용하면서 질문을 많이 던지는데 질문이 명확하지 않으면 제대로 된 답을 들을 수 없다.

프롬프트 엔지니어링의 기본 원칙 5가지가 있다. 구체적 지시, 명확한 단어 사용, 맥락context 제공, 구조 형식화, 일관성 유지 등이 그것이다. 명확하게 구체적으로 문맥에 맞춰 일관성 있는 지시어를 넣어야 명확한 답이 나온다는 것이다. 챗GPT는 인간의 단기기억을 모방해 '기억력의 한계'를 갖는다. 그래서 대화를 계속해서 오래 지속하면 오래된 대화는 잊어버린다. 때문에 자꾸 상기시켜 줄 필요가 있다. 이제는 적극적으로 AI를 배우는 노력을 해야 한다. 챗GPT는 훌륭한 우리의 조수가 되어 줄 수도 있다. 협업할 수 있는 좋은 동료가 되기도 한다.

〈한 권으로 끝내는 메타버스 노트〉

오키지마 유시 저자, 이혜란 옮김, 국일미디어에서 나왔다. 저자는 일본의 정보학 연구자이고 시스템 엔지니어다. 우리가 지금 살고 있는 물질 세상에서 '확장된 현실'로 이전하는 때가 10년 안에 일상화된다는 놀라운 예측을 하고 있다. '메타'란 '초월한, 고차원의' 의미를, '버스'란 'universe' 즉 '우주'를 뜻하는 두 단어를 합성해 '메타버스'가 신조어로 우리에게 왔다. 1992년 SF작가인 닐 스티븐슨이 '스노우 크래시'라는 소설에서 처음 사용한 단어로 '현실과는 다른 또 하나의 세계'로 번역하는 게 적절하겠다. 아직 적확한 정의를 내리지 못하고 있다. 현실과 메타버스는 그 원리가 다르다. 메타버스는 '중력을 무시한 세계이며 아바타를 설정해 현실 속 나보다 자유롭고, 현실과 분리된 편리한 세계를 만드는 것'이 메타버스의 본질이다. 지금은 게임 등 오락 분야에서 활용되지만 곧 비즈니스와 교육 등 온갖 영역으로 확대될 것이다. 'VR'이란 Virtual Reality로 '가상 현실'이다. 현실과는 별도로 만들어진 공간으로 3차원의 공간성, 실시간 상호작용, 자기 투시성, 사회적 상호작용 등의 요소를 만족시켜야 한다.

'AR'이란 Augmented Reality로 '증강 현실'로 번역한다. 컴퓨터를 이용해 현실 공간에 가상 물체를 덧입히는 기술이다. 'MR'은 Mixed Reality로 현실 공간의 위치 정보를 세밀히 파악해, 그곳에 가상 정보를 덧입히는 기술로 VR과 AR의 중간 형태 혹은 AR의 진화형이라고 볼 수 있다. 시장 관점으로 보자면 소비자의 가치관이 '물건 소비'에서 '가치 소비'로 이전하고 있다. '체험'이 상품이 되는 시대가 되었다. 향후 메타버스는 시각 정보의 진화에 더해 촉각, 후각, 미각까지 재현하게 될 것으로 기대된다. 앞으로 메타버스는 이익을 창출하는 장소가 될 것이고 현실 세계의 모든 활동이 메타버스 상에서 실현될 것이라고 저자는 예측한다.

저자는 원기 왕성한 사람도 그렇지만 고령자일수록 메타버스가 필요할지도 모른다고 진단한다. '고령자들이 과학 기술에 취약하다는 전제부터 재검토해야 할지도 모른다'는 지적에 귀 기울여야 할 때다. 이 책은 북유럽북카페에서 서평단에 참가해 읽은 책이다. 예전이라면 선택하지 않았을 책들을 의도적으로 선택해 공부한다. 이제는 자발적으로 공부해야 할 시대이다. 내가 배우고자 하지 않으면 메타버스가 무엇인지, 증강 현실이 무슨 뜻인지 나와는 먼 세상이라고 생각했을 것이다. 하지만 그렇지 않다. 인공지능이 빠른 속도로 우리의 일상생활에 침투해 들어오고 있다. 인공지능의 주인으로 기능하기 위해서는 부지런히 익혀서 익숙해져야 한다.

[정신과 마음 성장을 읽는 블로거]

〈사랑과 혁명 1·2·3부〉

김탁환 소설가의 책이다. 역사소설이고 놀라운 소설이었다. 천주교의 우리나라 정착 역사를 들여다볼 수 있었는데 이야기를 따라가면서 동일시를 경험할 만큼 실존적인 소설이었다. 1801년 신유박해, 1827년에서 1839년 정해박해, 1866년 병인박해까지 천주교가 조선 땅에 들어와 수많은 박해 속에서도 살아남은 이야기를 생생하게 펼치고 있다. 1책은 625쪽, 3책은 486쪽, 3책은 450쪽이었다. 사료를 더듬어 이야기의 타래를 풀어나가면서 점점 이야기가 이야기를 만들어냈으리라 상상될 만큼 자연스럽게 살아 있는 인물들을 만들어 낸 저자의 진정성과 노고가 그대로 느껴졌다.

이 책을 위해 프리뷰preview를 작성했다. 2023년 9월 22일에 블로그에 올렸다. 일주일 안에 3권을 읽고 리뷰를 해야 했다. 1편을 펼쳤다. 정해박해가 시작되기 바로 전까지의 이야기다. 밑줄에 밑줄을 그으면서 읽었다. 문장과 문장이 서로 어울려 춤을 추는 느낌이다. 직유법을 자주 사용하는데 주의하지 않으면 인식하지 못할 정도로 정교했다. 한 페이지에서 다음 페이지로 넘어가는 데 시간이 걸렸다. 빠른 속도로 읽기 아깝다는 생각이 들어서인데 하루를 꼬박 읽었는데도 200쪽을 넘기지 못했다. 드문 일이다. 1권 앞쪽에 이런 문장이 나오는데 이는 화자 '나'의 입을 빌어 김탁환 소설가가 말하는 듯하다.

'내가 두 가지 조건을 받아들이자, 모독은 봇짐을 서안에 올리곤 서책을 풀었다. 내 글의 화목으로 삼으라며 묶어온 서책이 모두 열두 권이다. 귀 기울여 적거나 옮겨 써서 모은 기록들이었다. 정확히 알아야 거짓말다운 거짓말도 한다고 했던가. 역사의 검은 구멍들을, 오직 나만 들여다보며 이야기로 푼다는 두려움과 자부심이 밀려들었다. 내가 평생 떨쳐버리지 못한 욕심이기도 했다.'

화자는 '나'다. 나는 '이시돌'이다. 1권의 마지막에 가서야 선명해진다.

"내 본명(세례명)은 이시돌, 옛 이름은 들녘이다. 무진년(1808년) 봄 전라도 곡성현 장선마을에서 나고 자랐다. 마을 이름이 심심하면서도 깊다. 착함이 순자강(섬진강의 별칭)처럼 길게 이어지기를!"

1권에서는 들녘의 어린 시절, 어머니와의 기억들, 그가 20대로 자라나는 동안 경험하는 다양한 사건들이 참으로 디테일하게 펼쳐진다. 식물성의 영혼이 어떻게 변화, 성장하는가를 주목하면서 읽는 재미도 좋다. 프리뷰를 지나 1권 리뷰를 했다. 정독과 속독이 동시에 이루어질 수 없는 소설이었다. 다음 문장으로 넘어가지 못할 만큼 문장이 단단하면서도 섬세하여 그 자리에 머뭇머뭇거릴 수밖에 없는 대단히 장중한 호흡을 지닌 소설 한 편을 읽었다. 눈물이 뚝.

이 책에서 저자의 말은 중요하다. 그는 지금 이 시대에 우리에게 필요한 것이 바로 '사랑과 혁명'이라고 말한다.

"목숨을 잃고 가족이 풍비박산 나는데도, 사랑 같지 않은 사랑, 혁명 같지 않은 혁명을 갈망하며 모여 마을을 이뤘다. 그 마을을 쓰고 싶었다. 인간의 마을에서 신의 마을까지! 공동체라고 바꿔 불러도 좋겠다."

1권에서는 그의 이 말을 이해하지 못했지만 3권을 덮으면서 아하! 에 도달했다. 왜 사랑 같지 않은 사랑, 혁명 같지 않은 혁명이라고 그가 말했는지 이해할 수 있었다.

저자는 〈사랑과 혁명〉을 쓰기 위해 섬진강 들녘으로 내려왔다. 1827년 천주교 정해박해를 말하기 위해 들녘이라는 주인공을 만들었다. 2020년 작가는 곡성으로 내려왔다. "서울에서, 도서관에 기대 썼다면 1827년 봄에 집중해 긴장감을 한껏 높여 이야기를 꾸렸을 테지만 정해박해가 일어난 곡성, 섬진강, 겹겹 골짜기들을 오가면서 소설의 꼴이 바뀌었음"을 그는 고백한다.

1801년 신유박해는 한양과 경기도 중심의 천주교 지도부를 붕괴시킨다. 주문모 신부, 정양족, 강완숙 등이 치명하고 정약용, 정약전 형제 등이 귀양을 떠났다. 지방 곳곳에 그렇게 교유촌이 생겼다. 이 소설은 '교유촌'을 배경으로 한다. 저자가 1800년대로 돌아가 마치 눈으로 보듯 생생한 현실을 구현할 수 있었던 것은 사건이 일어난 바로 그 땅으로 돌아와 먹고 자면서 자신이 밟은 그 땅의 역사와 연결되었기 때문은 아닐까 하는 생각이 들었다. 우리가 살고 있는 이 공간은 수백 년, 수천 년 우리 선조들이 살아온 바로 그 공간이라는 놀라운 현실감이 느껴졌다.

작가는 27년간 소설을 썼다고 한다. 〈사랑과 혁명〉은 4년에 걸쳐 완성했다. 6,000매 분량의 원고를 7번에 걸쳐 퇴고하느라 죽을 뻔했다고 한다. 2014년부터 1800년대를 쓰고 싶었다고 한다. 하지만 그때 쓰지 않은 게 얼마나 다행인지 모르겠다고. 그는 곡성에 내려와 〈들녘의 마음〉이라는 책방을 운영하면서 마을공동체에서 자신이 할 일을 찾아가고 있다.

리뷰어스북클럽을 통해 해냄출판사 서포터즈로 참여하면서 읽었던 책들이 모두 인상 깊었다.

〈영혼학〉
정영부 저자의 책으로 1,115쪽이라는 방대한 규모의 벽돌책이었다. 지식과감성# 출판사에서 나왔다. 지식과감성출판사는 자비 출판사인데 놀랄 만큼 많은 책들이 쏟아진다는 느낌이 들었다. 대체로 완성도가 높았고 두세 권의 책들은 함량 미달이었지만 '정성'을 읽었다. 이 책은 존경심이 들 만큼 저자의 온 생애가 느껴지는 대작이었다. 저자는 일단의 질문을 독자 앞에 내놓는다.

신은 있는가? 그 신이 인간의 창조주인가? 신은 인간과 우주를 어떻게 창조했는가? 신은 그러한 사실을 우리 인간에게 드러내는가? 그렇다면 인간들은 왜 서로 다른 사상과 교조를 가지게 되었는가? 그 다른 사상과 교조들은 오랜 세월 동안 서로 반복하면서 왜 끄떡없이 살아나 인간들을 미혹하고 세상을 어지럽히는가? 신이 창조한 세상에 왜 악이 횡행하고 인간들은 고통받는가? 이것은 신의 의도인가?

저자 덕분에 '영혼학'이라는 학문을 배웠다. 정신문화사의 책들은 거의 빼놓지 않고 읽어왔다. 나 또한 영혼, 정신, 마음 등에 관하여 오랫동안 궁금했기 때문이다. 하여 정영부 저자가 무엇을 전하고자 하는지에 대한 대략적인 사유의 그림은 그려진다. 그는 평생 공부를 통해 이러한 사실들을 알게 되었다.

1. 사람은 영, 혼, 육으로 이루어졌다.
2. 영, 육, 혼은 영적 설계에 의해 기氣로부터 생물학적 진화로 탄생했다.
3. 영, 혼은 영적으로 진화한 존재이다.
4. 영, 혼은 사람이 태어날 때 몸으로 들어오는 시기도 다르고 죽어서 가는 곳도 다르다.
5. 영, 혼은 각각 윤회한다.

영, 혼, 육에 대해 설명한다. 지금까지 연구된 다양한 주의와 사상을 포괄한다. 예를 들어 영에 대한 정의는 사상과 종교에 따라 무척 다양하다. 신비주의, 영지주의, 기독교 신비주의, 이슬람 신비주의, 힌두교, 유대교 신비주의, 불교, 유교, 도가, 우리나라 사상, 신지학, 헤르메스주의, 최근 사상가들과 뉴에이지 등에 관한 의견들을 총망라한다. 공부할 꺼리가 넘친다.

저자는 다음 질문을 궁구하고 논리적이고 체계적인 답을 찾는다.

1. 우주의 궁극적 실재는 무엇이며 누구이며, 그의 섭리는 무엇인가.
2. 우주의 제 현상을 설명하고 예측하는 법칙은 있는가, 있다면 무엇인가.
3. 인간은 누구이고 어디서 왔는가, 삶의 의미는 무엇이며 어떻게 살아야 하는가.
4. 사후에는 어디로 가고 환생한다면 어떤 이유와 과정을 경험하는가.
5. 다음 생을 위해 지금 할 수 있는 일은 무엇이고 후생의 나에게 유언과 유산을 남기는 일은 가능한가.
6. 위의 주제와 관련하여 지금까지 진리라고 여겨지던 주장, 주의 간 모순 해결 방법은 무엇인가.

저자는 종교와 철학, 사상과 이즘, 양자역학 같은 자연과학까지도 망라해 논제를 풀어나간다. 이런 부류의 책은 논할 것이 아니라 일단 이해, 긍정하고 공부해야 한다.

저자는 점수와 돈오頓悟, 믿음과 기도라는 구도의 사이클 안으로 우리가 들어와야 한다고 말한다. 그러려면 일단 알아야 하고 배워야 한다. 학습은 이치와 지혜를 구하는 일로 이치와 지혜는 각각 혼의 지성과 지혜의 일이며 지성은 '정신체'의 기능이고 지혜는 '양심

체'의 기능임을 지적한다. 총체적으로 영혼학은 '나를 학문하는 것' 이라고 그는 말한다. 나에 대해 알고 싶다면 일독할 만한 충분한 가치가 있는 귀한 책이다. 학습으로 얻는 지식과 이치는 관觀을 통해 깨우침으로 연결되어야 한다. 내가 가진 안경을 벗고 들여다봐도 좋겠다. 무명無明에서 명明으로 이전하는 것, 이것이 앎이고 지식이다.

그의 다양한 지적 호기심과 영혼학에 관한 주장들을 체계적으로 서술해 놓은 이 책은 두고두고 읽어야 할 책이다.

[해냄출판사 서포터즈]

해냄출판사 서포터즈에 참여한 뒤로 몇 권의 책을 짧은 간격으로 읽었다. 짧은 간격으로 읽는다고 하지만 하루 1책을 읽고 서평하는 내 입장에서는 일주일이라는 조건은 매우 긴 시간이라고도 할 수 있다. 해냄출판사의 출판 속도는 빠른 편이었다. 종이책이 사라질 것이라는 불운한 예보에도 불구하고 생존하는 몇 안 되는 출판사로 오래 남기를 바라는 마음이 들었다.

〈황금종이〉

조정래 작가의 신작으로 두 권으로 세상에 나왔다. 나는 2023년 11월, 예약 판매한다는 내용의 리뷰를 올렸다. 책이 세상에 나오기 전에, 혹은 인쇄된 날짜보다 먼저 나온 책을 세상에 알리기 위해 우리 같은 리뷰어들이 발빠르게 움직인다. 조정래 작가는 1943년 지구별에 도착했다. 표지 날개에는 이런 이력이 적혀 있다.

'작가 정신의 승리'라 불릴 만큼 온 생애를 문학에 바쳐온 조정래 작가는 한국문학뿐 아니라 세계문학에서도 유례를 찾아보기 힘들 만큼 뛰어난 작품 활동을 펼쳐왔다. 작가 정신의 결집체라 할 수 있는 대하소설 〈태백산맥〉, 〈아리랑〉, 〈한강〉은 '20세기 한국 현대사 3부작'으로 1천 5백만 부 돌파라는 한국 출판 사상 초유의 기록을 수립했다.

'황금종이'는 돈이다. 그는 자본주의 사회에서 돈의 의미를 곱씹는다. 그가 질문한다.

우리가 하루도 거르지 않고 날마다 써야 하는 것은 무엇일까. 우리가 필요한 모든 것을 갖게 해주는 것은 무엇일까. 우리가 의식, 무의식 중에 날마다 생각하는 것은 무엇일까. 우리가 날마다 걱정하는 것은 무엇일까. 지니고 있으면 힘이 나고, 없으면 힘이 빠지는 것은 무엇일까. 남에게 줄 때는 쉬워도 남에게 얻기는 어려운 것은 무엇일까. 너나없이 가장 갖기를 원하는 것은 무엇일까. 우리의 행복과 불행을 좌지우지하는 것은 무엇일까.

나 역시 영어학원 할 때와 달리 책 숲에서 살면서 가난에 대해 생각하게 되었다. 부자가 되려면 부를 간절히 바라는 것이 아니라 '당연히 나는 부를 가지고 있다'라는 여유와 평온한 생각이 부를 끌어당기는 것이라고 배웠다. 간절히 바란다는 것은 가지고 있지 않다는 것을 우주 의식에 심는 것과 다를 바 없으므로 간절히 바라는 것 말고 당연히 가진 자의 여유를 늘 마음에 품고 살라는 것이다. 하지만 가난 속에 들어가 살게 되면 가진 자의 여유를 부릴 '여유'가 사라진다. 조급해진다. 어떻게 하면 빈 봉투 안에 무언가를 채울 것인가를 생각하느라 다른 생각을 할 수 없다. 작가는 오랜 시간 돈의 위력과 폭력에 대해 고민한 것 같았다. 앉으나 서나 돈으로부터 자유롭지 못하면 속박당하게 된다. 그러므로 경제를 알 필요가 있다. 내가 그 환경 안에 있지 않으면 그것이 내게 오지 않는다는 문장은 진리다. 작가는 돈은 우리가 살아가는 '실존'이기도 하고 온갖 문제의 온상인 '부조리'의 실체임을 파헤친다.

일단 움직이면 우리는 돈이라는 존재에 종속된다. 톨게이트에서, 휴게소에서, 마트에서, 주유소에서 무엇을 사든지 그만큼에 상응하는 돈과 맞바꾸어야 한다. 우리는 인간이면서 일종의 거대한 일군의 '소비자 집단'의 일원이다. 나도 무언가를 팔고 사람들도 무언가를 판다. 사고파는 대가로 우리는 경제적 자유를 누리거나 누리지 못한다. 작가는 정치와 종교, 그리고 돈의 시대인 지금, 여기를 현미경을 들이대고 들여다본다. 우리는 거울 보듯 책을 통해 이 사실들을 다시 한번 목도한다. 소설은 이야기의 끝이 아니라 질문의 시작이라고 했다. 이 책들을 덮으면서 나는 다시 질문을 던진다. 우리는 돈의 노예로 살까, 돈의 주인으로 살까.

〈죽어 나간 시간들을 위한 애도〉
김홍신 작가의 신작이었다. 2023년 10월에 나왔다. 마음이 너무 짠해서 소설을 읽어나가기 힘들었다. 그의 그럴듯함plausibility은 늘 그렇듯 한 지경을 보여준다. 책 날개에 있는 작가의 소개를 읽는다.

장편소설 〈인간 시장〉으로 우리나라 역사상 최초의 밀리언셀러 소설가가 된 그는 충남 공주에서 태어나 논산에서 성장했다. 1976년 〈현대문학〉으로 등단한 뒤 〈인간 시장〉, 〈칼날 위의 전쟁〉, 〈풍객〉, 〈대곡〉 등 대한민국에 소설 폭풍을 일으키며 한국소설문학상, 소설문학작품상을 수상했고 우리 민족의 자존심을 높이는 대하 역사 소설 〈대발해〉(전 10권)를 발표해 통일문화대상과 현대불교문학상을 수상했다. 130여 권의 책을 출간하면서 신념 있는 삶을 살아가는 소설가이다.

　소설가 김홍신과 인간 김홍신을 생각한다. 1976년 〈현대문학〉으로 등단했으니 벌써 47년째 그는 글을 세상에 내놓고 있는 셈이다. 나는 어려서 〈인간 시장〉을 읽었다. 주인공은 '장총찬'이었다. 아직도 기억한다. 작가가 만들어 낸 가상 인물과 가상세계와 가상경험이 마치 현실의 어느 시공간에 있었던 것처럼 기억되고 많은 독자들과 그 기억을 공유한다면 그것은 정말 어딘가에 존재하고 있는 것은 아닐까. 그래서 나는 간혹 생각한다. 우리의 모든 생각, 상상이 실현되는 무수한 평행 우주(parallel world)가 존재할 것이라고. 김홍신 작가는 그런 방식으로 〈죽어 나간 시간을 위한 애도〉라는 새로운 세계를 구축하고 우리를 그 세계로 안내한다.
　작가가 하고 싶은 말은 한 문장으로 수렴된다. "억울하고 서러운 세상을 살아가는 모든 이에게 보내는 위로의 이야기를 쓰고 싶었다."

　1970년대 분단과 이데올로기 상황의 비극적 상황을 그는 끌어온다. 주인공 한서진은 고향이 이북인 부모가 있다. 남쪽에는 일가친척 피붙이 하나 없다. 그는 가난해서 학군단이 되었고 지금은 육군 소위다. 북한군의 공습이 있었고 그 와중에 사살한 북한 병사에게 미안한 마음이 들어 그들의 시신을 위해 기도했고 십자가를 세웠다. 비극의 시작이었다. 그는 보안대장에게 끌려가 빨갱이로 낙인찍히면서 군법회의에 회부되고 5년 형을 선고받는다. 구타와 인권유린으로 견딜 수 없는 고통을 겪는다. 악착같이 살아 자신이 빨갱이가 아님을 세상에 알리려고 마음먹는다.

내가 원하는 상황이 아닌 어쩔 수 없는 운명의 수레바퀴에 깔리게 되었을 때 나라면 어떤 선택을 하게 되었을까, 고민하게 만든 소설이었다. 1970년대와 80년대는 온 국민이 견디기 힘든 시절이었을 것이다. 반공법, 국가보안법 등이 우리의 일상을 옭아매던 시대였으니까. 말도 안 되는 이유로 사람들이 사라지기도 했다. 작가가 이 시대를 굳이 호출한 이유는 무엇일까, 내내 고민하면서 읽었다. 인권이나 주권을 말할 수 없는 무법의 시대, 암흑시대. 공공연히 고문하고 사실을 조작했던 시대를 왜 지금, 여기로 호출한 것일까에 대하여 생각한다.

시간이 흐른다고 해서 인간성이 성숙하는 것도, 시대가 성숙하는 것도, 정치가 성숙하는 것도 아니라는 사실을 알려주고 싶었던 것일까. 그의 인간중심주의에 대하여 생각한다. '사람은 무엇으로 사는가?' 사랑과 용서, 화해와 이해의 세상에서 살 수 있기를 누구나 바랄까? 정말 그럴까?
교양culture에 대하여 생각한다. 생각하고 사유하고 통찰하고 타자를 이해하고 무언가를 깊이 감상하고 관찰하고 들여다보기 위해 가던 발걸음을 멈추는 일, 내 주변에 무슨 일이 일어나는지 관심을 가지려고 노력하는 일, 타자의 고통이 타자의 고통인 것만은 아니라는 사실을 인지하는 일, 이 모두가 교양에 속한 일인 것 같다. 불편하지만 내 안의 나를 들여다보는 일, 불편하지만 타자와 나의 이해와 수용에 대하여 한 번 더 생각해 보는 일, 모두 교양의 문제인 것 같다.

   교양 실종의 시대, 감정과 본능이 분출하는 시대, 분노조절장애의 시대, 복수의 시대, 우울증과 조울증의 시대가 된 것 같다. 그래서 작가는 이렇게 극한 조건을 우리에게 제시하면서 "만약 너라면 어땠겠니?", "이 불가항력적인 고통이 너에게 온다면 너는 어떻게 하겠니?"하고 나에게 질문하는 것 같다.
   나에게 위해를 가한, 혹은 가했다고 느껴지는, 그래서 분노하게 하는 상황이나 사람들에 대하여 용서한다고 말할 수 있기까지 걸어가려면 얼마나 먼 길을 걸어야 할까?

   이 소설을 읽으면서 각자의 입장에 대하여 전지적 작가 시점으로 생각하게 된다.
   만약 내가 자인이라면? 만약 내가 서진이라면? 만약 내가 지향이라면? 만약 내가 진구라면? 나는 어떤 방식으로 반응했을까? 우리는 모두 '나'라는 이름으로 오늘을 산다. 그러므로 모두가 '나'인 세상에서 우리는 날마다 산다. 우리는 모두 '나'다. vice versa. 입장 바꿔 보기. 연습.

[과시용 책들을 읽는 블로거]

나를 드러내는 책이 있다. 독자와의 교감 영역을 확보할 수 있다면 공감대를 형성할 수 있으므로 객관성을 확보할 수 있다. 하지만 그렇지 않은 책들도 간혹 있다. 공부의 필요성을 느끼게 하는 책들이 있었다. 우리 모두 공부하는 지구별 여행자들이다. 공부하는 중이니 어느 만큼 왔는지 스스로 늘 들여다볼 객관적인 잣대를 지니고 있어야 한다.

[영어/영문법 전문 서평 블로거]

영어와 영문법에 관련된 책들은 완성도가 높았다.

〈영어질문독서법〉

대치동 헤더샘이 저자이며 더북북에서 나왔다. 이 책은 도서인플루언서 인디캣님을 통해 서평하게 된 책이다. 인디캣님은 다양한 책들을 서평단 도서로 올려주었고 많은 도움을 받았다. 이 책은 '영어', '질문', '독서법'이라는 세 가지 키워드로 만들어진 책이다. 영어를 잘하고 싶다면 독서력과 문해력을 길러야 한다는 원론적인, 그러나 매우 중요한 지점을 지적하고 있다. 영어를 잘하고 싶다면 독서로 '생각하는 힘'을 길러야 한다. 그래야 질문이 가능하기 때문이다. 질문을 하려면 전반적인 상황을 전체적으로 파악하고 있어야 양질의 질문이 가능하다. 그저 질문하는 게 아니라 '생각할 수 있는 질문'을 하려면 어떻게 해야 할까에 대한 고민의 흔적이 엿보였다. 탄

탄한 영어 실력을 키우고 싶다면 '사고력'과 '문해력'이 선행되어야 한다.

자신의 콘텐츠가 있는 사람이 미래를 선도할 것이다. 오직 '나만 할 수 있는 이야기'가 내 안에 넘쳐야 양질의 콘텐츠 생산이 가능하다는 것인데 이런 능력을 위해서는 '경험'이 필수다. 그러나 모든 것을 직접 경험할 수 없으므로 '간접 경험'이 필요한데 이것이 바로 '독서'라고 지적한다. 독서란 '긴 호흡의 글을 이해하는 과정'이다. 이 과정이 몸에 배야 긴 문장을 읽고 직독 직해가 가능해진다. 저자는 기질과 성향에 맞는 독서를 권장한다. 행동형은 몸이 먼저 반응하므로 집중력이 짧다. '자유'롭게 무언가를 할 수 있게 유도해야 한다. 규범형은 규칙 안에서 안정감을 느끼고 성실하다. 어른이 개입해 우선순위를 정해주면 좋다. 탐구형은 자신의 관심사에만 몰두하는 경향이 있으므로 부모나 교사의 안내가 필요하다. 이상형은 경쟁보다 조화를 선호해 비현실적일 수 있다. 상대에게 인정받을 때 정서적으로 안정된다. 이와 같이 성향을 파악해 지도해야 함을 강조한다. 획일적 교육을 지양할 수밖에 없는 이유와 근거가 제시된 좋은 책이다.

〈여행 영어 회화〉
이재연 저자로 지식과감성출판사에서 나왔다. 이재연 저자는 GS 글로벌 해외 사업부에 근무했다. 매초마다 다양한 상황을 만났을 것이고 그것에 대처해온 내공과 숙련됨이 느껴졌다. 책은 포켓용으로 휴대하기에도 좋다. 여행 회화이므로 축구에서 기내, 도착, 교통, 호텔, 식사, 관광, 엔터테인먼트, 쇼핑, 편의시설, 문제 발생, 귀국에 걸치기까지 일목요연하게 다양한 상황을 간결하게 편집되어 있어 늘 가지고 다니면서 연습하기 매우 좋은 편집이다. 핵심 패턴과 핵심 단어가 제시되어 있고 문장을 만들 수 있게 되어 있고 다양한 예시가 있다.

〈고딸영문법 4: to부정사에서 관계대명사편〉

임한결 저자로 그라퍼출판사에서 나왔다. 영문법은 영어 회화에 필수적이다. 회화를 배우면서 기본부터 배우고 싶다면 당연히 영어만의 독특한 특성을 알지 못하고서는 대화하기가 힘들다. 영문법은 영어 회화와 분리시킬 수 없다. 문법이란 문장이 만들어지는 방법을 의미한다. 이 책은 본문을 읽으면서 영문법을 이해하는 1단계, '머리에 콕콕'과 '문법 토크'로 핵심을 다진다. 3단계에서는 '매일 10문장'으로 전날 배운 내용을 복습하고 5단계에서는 '종합 테스트'로 실력을 점검한다. 문법책 한 권에 들어갈 내용들을 나눠 4권으로 만들어서 느리고 공부할 수 있는 책으로 6주가 되면 책을 한 번 볼 수 있도록 구성되어 있다. 중학교 문법까지는 이해할 수 있는 수준이다.

만다라 심리 치유 글쓰기(과정 중 만다라그리기)

04 나의 글쓰기 비법

매일 하는 일보다 더 큰 일은 없다
-메리 카이 애쉬, 사업가

동신대학교 자서전 글쓰기 강좌를 열다

대학생들은 글쓰기를 어떻게 생각할까? 얼마나 쓸 수 있을까? 어느 정도 자신감이 있을까? 20대가 자서전을 쓴다면 어떤 방식으로 쓸 수 있을까? 여러 질문을 가지고 강의를 시작했다. 10명의 학생들이 모였다. 2시간씩 4회에 걸쳐서 강의가 진행되었다. 첫 강의는 '인문학적 글쓰기'란 무엇일까에 대한 논의를 나누었다. 인문학적 글쓰기란 '나를 들여다보고, 나를 알아가고, 나를 느껴보는 글쓰기'를 뜻한다. 말하자면 나를 '성찰'하는 글쓰기이다. '나'라고 하는 존재에 대해 어쩌면 '나'만큼 잘 모르는 이가 또 있을까 싶게 우리는 자신과 대화 없이 살아가고 있다.

20대의 자서전이 겨우 20년의 삶을 살아놓고 무엇을 말할 수 있겠느냐고 이상하게 생각할 수도 있지만 100년을 산다고 하더라도 20대까지의 내가 가진 '생각'과 '삶의 태도'가 나의 나머지 시간을 등에 지고 간다고 해도 될 만큼 20대의 삶의 무게감은 상당하다. 20대 때 내 삶의 방향을 정하지 못하면 남은 시간이 휘청거리게 된다. 내가 무엇을 좋아하고 어떤 트라우마에 갇혀 있는지 들여다보는 시간이 반드시 필요하다.

　우리는 사회 속에서 살아가면서 다양한 페르소나, 즉 다양한 역할을 감당하고 그 역할에 걸맞는 가면을 쓰고 살아간다. 그래서 의식적으로 또는 무의식적으로 끊임없이 나를 통제하는 경향이 있다. 어쩌면 우리는 '나'라는 주체로서 살아가는 게 아니라 타자의 시선이 주인인 삶을 살아가고 있는지도 모른다. 그래서 이런 시간, 나에게 실망도 해 보고 나에게 자긍심도 느껴보고 나의 감정을 있는 그대로 들여다볼 '인문학적 성찰의 시간'을 의도적으로 가질 필요가 있다.

　20대의 자서전이라면 어떤 이야기를 쓸 수 있을까. 살아온 날보다 살아갈 날들이 더 많다. 생물학적으로. 그렇다면 지금까지의 나를 점검하는 작업은 미래의 나를 만나는 매우 매력적인 작업이 될 수도 있다.

　나는 '무의식적 글쓰기'를 위해 두 가지 방법을 첫 시간에 사용했다. 하나는 '시집 한 권으로 재미나게 놀기'이고 다른 하나는 만다라 드로잉이다. '시집 한 권으로 재미나게 놀기' 방법은 매우 간단하다. 15개의 단어를 무작위로 선택한다. 그리고 그것을 문장으로 만드는데 단, 조건이 있다. 위 문장과 아래 문장이 호응할 수 있어야 한다.
　이 수업을 통해 이유정 학생은 이렇게 문장을 완성했다.

〈모든 것에 대한 감사〉 이유정

초겨울인 지금 아침에 해로 시작해 새벽 별로 하루를 감사함으로 채워보자. 집을 걸어 나와서부터 땅, 나무, 심지어는 꽃말이 주는 행복한 평화에도 감사해보자.

건강한 몸에 감사하고 주말이 다가오는 금요일이라는 시간조차도 감사함을 느끼자.

생일이나 친구와 즐겁게 노는 시간이 아니더라도 우린 충분히 감사함이 가득한 세상을 살아가고 있다.

내가 책을 직접 읽을 수 있는 독자임에 감사, 강물을 헤쳐나가는 연어처럼 열심히 살아가는 나에게 감사.

(키워드 : 해, 나무, 꽃말, 연어, 금요일, 새벽 별, 독자, 평화, 몸, 생일, 친구, 걸음, 초겨울, 땅)

여기서 내가 느낀 점은 이렇다. 제한된 조건 속에서 글을 쓰거나 활동을 하는 것이 또 다른 나의 언어적 능력을 향상시켜 준다는 느낌을 강하게(또는 단어선정: 확실히) 받았다. 굳이 글쓰기라는 제한된 상황이 아닌 다른 또 다른 제한된 상황에서도 그 속에서 내가 무언가를 해낸다는 것. 의도치 않은 곳에서 나의 힘으로 무에서 유를 창조해 내는 힘에 대해 잠시 생각하는 시간을 가질 수 있었다.

내가 주제를 '감사'로 지은 데에는 이유가 있다. 무작위로 고른 키워드를 모두 사용해 시 한 편을 써 보라고 했을 때 요즘 나의 관심사, 감사가 떠올랐고 여러 단어들을 한 울타리에 묶어 표현할 수 있는 제목 '모든 것에 대한 감사'로 짓게 되었다. 실제 나는 감사일기를 하루도 빠짐없이 매일 쓰고 있다. 매일 쓰는 나의 감사일기의 외관과 내관은 모두 다채롭다. 외관은 유니크하며 작은 손바닥 모양의 수첩이고 속지는 줄 하나 없는 백지인데 매일 나의 자유로운 기분과 감정 상태에 따라 글씨체와 크기가 달라진다. 덕분에 형식에 구애받지 않고 자유롭게 쓸 수 있다는 장점이 있다. 그래서 내관 또한 다채롭다고 표현해 봤다. 매일 감사일기를 쓰는 나를 보고 주변에선 크게 두 가지를 묻는 것 같다. 감사일기를 쓰면 뭐가 달라지는지와 무슨 내용을 쓰는지(매일 똑같을 것 같다는 말 포함). 우선 내가 느낀 바로는 감사일기를 아침에 적느냐와 저녁에 적느냐의 차이도 분명 있다고 생각한다. 감정 기복이 심한 나의 경우를 높낮이로 표현된 주파수와 같은 그래프를 생각해 보면 이해가 쉬울 것 같다.

   아침에 일어나면 나의 감정 그래프는 거의 0에 가깝다. 주변 환경에 감정이 잘 움직이는 나에게 조금이라도 부정적인 상황이 들어오면 아침의 시작을 (-)에서 시작하게 된다. 그리고 그 상태를 유지하며 하루를 시작한다. 점점 다시 올라야 하겠지만 하루의 첫 시작을 중요하게 생각하는 나에겐 그닥 좋은 않은 상황일 수밖에 없다. 감사일기를 아침에 쓰면 작지만 감사한 일들을 생각해 내지만(거창한 이유도 필요 없다) 그 작고 긍정적인 시작으로 나의 감정 그래프는 위쪽에서 시작된다. 시작을 확실하게 긍정적으로 출발하는 효과는 생각보다 나의 하루를 행복하게 만들어준다. 내가 읽은 자기계발서 책에 적혀 있던 말에 공감하는데, 부정적 무의식이 긍정적인 방향으로 바뀌는 시기가 올 거라는 긍정적인 행동이 무의식적으로 자리 잡게 될 거라는 말. 아침에 가족들과 사소한 말다툼이 있다가도 금방 다시 좋은 생각이 몰려온다. 즉 부정적인 생각이 들어올 틈을 주지 않는 습관이 굳어진 거다.*

 (〈나의 조각들〉 중에서*)

'의도치 않은 장소에서도 나의 힘으로 무에서 유를 창조할 수 있는 힘'을 학생은 수업 시간에 깨달았다. 이 깨달음이 자연스럽게 다음 문장을 만들 수 있는 사유로 이어지는 것이다.

만다라 치유 글쓰기

글쓰기가 몸에 배지 않은 학생들은 글을 잘 쓰고 싶다는 간절함은 있지만 이를 위해 무엇을 해야 할지 알지 못한다. 그래서 짤막짤막한 문장으로 글쓰기 위해 어떤 마음가짐을 가져야 하는지 알려주면 좋다. 타블라 라사Tabula Rasa. 우리는 아직 무엇을 써야 할지 모른다. '빈 석판'이다. 여기에 무엇을 어떻게 쓰면 좋을까를 고민한다. 그러면 일단 글감을 찾기 위한 실마리를 풀어줘야 한다.

나는 학생들에게 '나의 욕구, 관심사, 나의 장단점, 나를 세 마디로 표현한다면?, 나의 지금의 감정'들을 들여다보라고 제안한다. 이렇게 문장의 실마리를 풀어나가게 되면 점점 이야기는 꼬리에 꼬리를 물면서 조금씩 활기를 띠기 시작한다. 글쓰기는 결국 경험의 산물이다. 내가 어떤 경험을 했느냐를 어떻게 풀어내는가가 바로 글쓰기다. 그래서 일단 몇 개의 실마리를 찾아 쓰기 시작한다. 자유연상이다. 쓰고 싶은 것들을 쓴다. 오감을 활용하면서 쓰면 좋다. 시각, 청각, 후각, 미각, 촉각 등을 내 감정과 생각과 연결하면 글이 훨씬 풍성해진다. 직관이 시키는 대로 따라가면 된다. 생각나는 모든 것들을 풀어내면 된다. 글을 써 보지 않은 이가 글을 쓰려고 하면 처음에는 아무 생각도 나지 않는다.

하지만 단어 하나만 툭 던져줘도 이것이 실마리가 되어 이야기를 만들어낼 수 있다. 이렇게 쓰는 연습이 되면 비로소 깨닫게 된다. 내 주변을 돌아보라. 내가 바라보는 모든 사물이 글감이 될 수 있음을 알게 된다. 내가 살아가는 일상이 모두 글감이 된다. 하지만 처음부터 잘 쓸 수 없다. 불가능하다. 그러므로 생각의 눈높이와 나의 눈높이를 맞출 줄 알아야 한다. 처음에는 그냥 무조건 쓴다. 생각나는 대로 쓴다. 그것만으로도 나를 칭찬하기에 충분하다. 그래서 첫 단계는 이렇게 실마리를 찾기 위한 글쓰기를 진행한다.

시집을 나눠 준다. 아무 페이지나 무작위로 펼친다. 거기에서 무의식적으로 나의 눈에 뜨이는 단어들을 15개에서 20개 정도를 찾아 적는다. 이 단어들을 연결한다. 주제를 정해 주면 좋다. '나의 꿈', '오늘', '친구' 등 제목을 정해 놓고 그 단어들을 조합해 문장을 만들라고 주문하면 낯설지만 점점 재밌어지면서 나 자신도 예상하지 못한 놀랄 만한 문장들이 만들어진다. 글과 생각과의 아이스 브레이킹 시간이다.

두 번째 단계는 만다라와 연결하는 작업이다. 내가 사용하는 만다라는 분석심리학자 칼 구스타프 융 박사가 환자들의 심리 치유 수단으로 활용한 도구로 산스크리트어로 '원'을 뜻한다. 원은 동그랗다. 모나지 않다. 이 원 안에 상하좌우가 마주 보게 열십자를 그린다. 그러면 원 안에 4개의 구획이 생긴다. 그러면 데칼코마니처럼 상하좌우가 서로 마주 보는 그림을 그린다. 이것 또한 자유연상이다. 의심하지 말고, 불안해하지 말고, 잘하려고 하지 말고, 누군가를 의식하지 말고 내 무의식이 하고 싶은 대로 그리면 된다. 그리다 보면 깨닫게 된다. 서로 마주 보고 있는 것들이 결코 1:1로 적확하게 상응하지 않는다는 사실을. 아니, 그렇게 그리는 것은 불가능하다는 사실을. 하지만 신기하게도 다 그리고 나서 다시 바라보면 '질서, 조화, 균형'을 느낄 수 있다.

이는 상징적인 과정이다. 빛과 어둠, 슬픔과 기쁨, 갑과 을, 손등과 손바닥, 이 모든 것들은 서로 상반되는 존재인 듯 보이지만 빛이 없으면 어둠은 존재할 수 없다. 슬픔이 없다면 기쁨을 느끼지 못한다. 손등과 손바닥은 떼려야 뗄 수 없다. 갑과 을의 관계도 수시로 상황에 따라 바뀐다. 이는 상극이 아니라 상생의 존재로서 양자가 존재한다는 거대한 깨달음에 도달하게 한다.

나는 이 만다라 작업을 하면서 다 그렸다고 펜을 놓으면 그것을 '1단계'라고 표현한다. 이제 '2단계'를 시작할 순간이 된 것이다. 이 또한 상징이다. 우리가 '다했다', '최선을 다했다'라고 생각하는 그 단계는 이제 막 한 단계가 마무리되었음을 뜻한다. 우리는 그 이상 할 수 있다. 실패라고 생각하는 순간을 뒤집으면 한 단계가 마무리되었다는 뜻이다. 실패는 없다. 어떤 일을 시작해놓고 실패했다고 멈춰버리면 그것으로 끝이지만 실패를 거울삼아 거기에서 교훈을 배운 뒤 다음에는 한 발짝 더 가는 것, 그것이 성공의 진정한 의미이다. 만다라는 이런 과정을 몸으로 체험하게 한다. '아하!'를 체험하게 되면 우리의 삶은 어느 순간 다른 단계로 '도약'한다. 만다라는 '상생, 질서, 조화'를 깨닫는 도구로 사용되며 의식적 성장과 성숙을 깨닫게 하는 큰 도구이다.

이 두 가지, 만다라를 통한 내적인 깨달음을 글쓰기에 접목한다. 그러면 글쓰기는 평평한 상태에서 입체적인 상태로 바뀐다. 머리로 쓰는 것이 아니라 내 몸이 깨달아 쓰는 글쓰기로 바뀐다. 몸과 생각과 마음이 모두 하나가 되는 글쓰기가 된다.

만다라 글쓰기 진행 과정

[만다라 그림으로 성찰하기] (내면 들여다보기)

'만다라 치유 자서전 글쓰기' 과정은 두 달에 걸쳐 진행되었고 ISBN 코드를 받아 공식 출간되어 국립도서관에 비치되었다. 만다라 그리기로 내면 성찰 과정을 어떻게 경험했는지 이번 과정에 참여한 김정연 학생의 글을 통해 내면을 들여다보는 과정을 함께 따라가 본다.

〈메멘토 모리〉-김정연

　오늘 이른 아침부터 학교에 도착하여 잔잔히 필요한 항목들을 하루 10분 플래너에 기입하였다. 다 찰까 싶게 많았던 일정 칸은 5분도 되지 않아 출근길 지하철역과 같이 오늘 해야 할 일정으로 빼곡하게 채워졌다. 쉬는 시간 없는 일정의 막바지는 '만만한 글쓰기 특강'으로, 학교 학술문화정보원에서 주최한 비교과 프로그램 중 하나이다. 평소에 글을 쓰고 싶지만 잘 안 써지고, 써놓고 보면 이후에 문맥도 맞지 않고 그냥 보기에 흠결이 너무 많아 보여 누군가에게 내비치기 부끄럽다고 생각하여 도중에 포기를 여러 번인 글쓰기 특강. 결국 "어쩔 수 없었어."라는 말로 내가 나를 보호하기에 급급하게 만들던 그 글쓰기에 대하여 그냥 이대로 두고 싶지 않았던 것 같다. 그런 내가 생각나기도 하고 이번에도 틀리면 어떡하지…. 못쓰는 나의 모습을 드러내고 싶지 않은 마음에 걱정 반, 두려움 반이었다.

　또 한편 호기심, 기대와 같은 양립되는 감정들을 가지고 신청한 프로그램. 그러나 아쉬웠던 것은 강의 시간이 늦게 끝나기 때문에 항상 늦을 수밖에 없다는 점. 오늘도 그렇게 만만한 글쓰기 특강 시간에 지각하였다. 급하게 달려오느라 숨은 빠르게 오르락내리락을 반복하며 바쁘게 움직였다. 이미 선생님의 강의는 거의 막바지에 다다랐으나, 선생님께서는 지금이라도 온 것에 감사하고 잘했다고 말씀하셨다. 강의의 흐름을 끊은 것이 죄송하면서도 늦게라도 강의를 듣고 프로그램에 참여할 수 있었다는 것이 감사했다.

　다음 프로그램으로 만다라 그리기를 진행했는데 나는 그냥 이미 그려진 만다라에 색칠하는 활동인 줄 알았는데 '직접 그리기'라는 점에 놀랐다. 다시금 활동 일정이 적힌 종이를 봤을 때 적혀 있는 '만다라 그리기'는 나를 바보 같다고 생각하게 만들면서도 인간이라는 존재는 아무리 본질적인 내용을 전달한다고 해도 그것을 보는 사람이 보고 싶은 대로 보는 존재이기도 하구나, 라는 생각이 들었다.

그렇게 시작된 만다라 그리기는 굉장히 흥미로웠다. 종이 위에서 움직이는 나의 손길에 따라 만들어지고 올라가는 문양들이 생각보다 가슴을 간질이게 만들었다. 더 이상 그리지 못한다고 생각하고 색연필을 놓고서 선생님께 "다 끝났어요."라고 말하자 선생님은 부드럽게 "No. 아직 더 남았어요. 이게 1차, 조금 더 그려봐요. 분명 더 그려질 거에요."라며 그림을 더 그리기를 권유했다.

처음에는 색연필을 쥔 채 한동안 멍 때렸다. 더 이상 채울 부분이 없다고 생각했기 때문이다. 멍을 때릴 때, 내 만다라를 보고 있었는데 어느 순간 무의식적으로 손이 움직이며 무늬를 다시금 만들어나갔다. 참 신기했던 게 '인간이라는 존재는 한계를 정하는 순간 그곳에 안주하는 존재'라는 것을 느낀 점이었다.

그 이야기를 알고 있는가? 벼룩은 자신의 몸보다 배는 더 높게 뛸 수 있으나 병에 갇힌 벼룩은 몇 번 뛰다가 뚜껑에 부딪히는 한계를 느낀다. 그 이후 아무리 뚜껑이 열려있어도 벼룩은 그 이상을 뛰어넘지 못한다. 마치 그런 것이었다. 스스로가 한계를 단정 짓는 순간 나의 가능성은 멈춘다. 나에게 만다라 그리기는 그런 것이었다. 깨달음을 가지자, 나의 존재의 가능성을 엿볼 수 있었다. 무엇이든 할 수 있고 어떤 것도 될 수 있는 나. 그런 나를 발견하였다. 발견과 동시에 더불어 더 많은 생각들이 이불과 같이 나를 덮어왔다. 나는 왜 태어난 것일까? 왜 나는 존재할까? 내가 좋아하는 것과 싫어하는 것은 무엇이며 나는 누구인가. 많고 많은 생물 중 왜 인간으로 태어났으며 나는 어떤 삶을 살고 싶은가. 나는 인간으로 존재하기에 고민할 수밖에 없고 나의 삶의 지표가 될 여러 이야기들에 대해 귀를 기울였다.

《〈나의 조각들〉 중에서*》

무엇을 어떻게 써야 할지 알 수 없었던 한 학생이 글의 실마리를 찾고 만다라 그리기를 통해 내면과 어떻게 대화를 나누었으며 이 깨달음이 학생을 어떻게 사유의 장으로 이동하게 했는지 느낄 수 있는 좋은 사례이다.

[주제와 소재를 얽어매는 마인드맵 기법]

글을 쓰려면 주제와 소재를 구분하고 이를 잘 얽어매는 연습이 필요하다. 잘 쓴 글은 주제가 명확하고 이 주제를 드러내기 위해 다양한 소재들을 활용한다. 주제란 간단히 말해 작품의 '핵심 아이디어'이며 소재는 그 주제를 표현하고 발전시키는 구체적인 '내용'이라 할 수 있다. 즉 주제는 이야기나 작품의 주요 아이디어나 주요 메시지로 작품 전체를 통틀어 나타내는 주요 개념이나 의미를 제공한다. 소재는 작품이나 이야기에서 다루고자 하는 구체적인 내용이나 소스를 나타낸다. 작품을 통해 전달되는 주제를 구체화하고 표현하는 데 사용된다. 이때 주제와 소재를 잘 얽어내려면 마인드맵 기법을 사용하면 좋다. 마인드맵mind map이란 말 그대로 시각적으로 내 생각을 펼치는 것을 뜻하는데 창의적 사고와 아이디어 정리에 도움을 주는 그래픽적인 도구이다. 아이디어를 시각적으로 일목요연하게 정리하고 연결할 수 있다. 먼저 중심에 주제를 적는다. 중심 주제에서 가지를 그리고 각 가지에 관련된 하위 주제나 키워드를 추가한다. 색상과 이미지를 활용해 각 가지를 시각적으로 구분하면 기억에 오래 남는다. 주제 간의 관련성이나 연결성을 나타내기 위해 선을 활용하면 좋다. 각 가지에 떠오르는 아이디어나 정보를 추가해 마인드맵을 풍성하게 만든다. 필요에 따라, 상황에 따라 마인드맵을 조정하고 수정해 새로운 아이디어를 추가하거나 기존의 아이디어를 삭제하는 등 주제를 향해 소재가 충분히 수렴될 수 있도록 활용한다.

[에세이 글 공략법](수미쌍관법)

　에세이Essay란 일정한 형식에 얽매이지 않고 자유롭게 듣고 보고 느끼고 체험한 것들을 생각나는 대로 쓰는 산문 형식의 글이다. 또는 '어떤 주제에 대해 다소 논리적이고 비평적인 글'을 뜻하기도 한다. 또는 특정 주제나 주장을 개인적인 시각에서 논하는 비문학적인 글이기도 하다. 저자의 경험, 생각, 감정을 기반으로 다양한 주제를 다룬다. 우리가 만나는 대개의 글들이 이런 에세이 형식에 속한다.

　에세이를 효과적으로 쓰기 위해서는 먼저 명확한 주제 설정이 중요하다. 말하고자 하는 바, 즉 핵심 아이디어가 명확해야 한다. 시작은 흥미를 유발하거나 깨달음을 줄 수 있는 강렬하거나 인상 깊은 문장이면 좋다. 에세이를 쓰려면 마인드맵을 활용해 체계적으로 구성해 논리적인 흐름을 유지할 수 있어야 한다. 언어는 곧 그 사람을 들여다보게 하는 훌륭한 도구이며 모든 글쓰기는 언어를 기반으로 한다. 그러므로 글을 쓰려면 다양한 단어와 문장 구조를 활용할 수 있어야 한다.

이때 필요한 것이 독서의 힘이다. 책을 읽는 이유는 사유를 체계화하기 위해서이고 결국 쓰기 위해서이다. 나의 생각이나 주장, 논리를 표현하는 것은 결국 언어를 통해 이루어지기 때문이다. 또한 구체적인 예시와 내 개인적인 경험을 공유하면 독자와의 공감을 불러일으키기 좋다. 필요한 경우 문맥에 맞는 '인용', '참고 자료'는 내가 쓰는 글을 더욱 신뢰하게 만든다. 독자의 감정에 호소하려면 감정적 연결과 감동적 결말을 유도하면 좋다. 수필의 첫과 끝을 연결하는 '수미쌍관법'을 사용하면 전체 글이 더욱 유기적으로 결합된 느낌이 든다. 초안을 여러 번 수정하고 오탈자 등을 교정하고 문법, 맞춤법, 표현의 정확성 등을 확인하면 한 꼭지의 글, 에세이 한 편이 비로소 완성된다.

[마감 시간이 있어야 글은 완성된다]

글을 쓸 때는 스스로 '마감 시간deadline'을 정해 두면 효율적으로 글을 완성할 수 있다. 그렇지 않으면 언제 끝내도 좋기 때문에 결코 쉽게 완성하지 못한다. 지난해 솔아북스 출판사를 통해 사진 에세이집을 내겠다는 계획을 보내온 한 사진 작가님은 새해가 지나도 만 점이 넘는 사진을 정리하지 못하고 있었다. 그러다가 3월 전시 약속이 잡히자 비로소 사진을 정리하기 시작했다. 정리는 해야 하는데 1만 장이 넘는 사진들을 정리할 생각을 하니 머리가 아팠던 그는 하루하루 일상이 너무 바쁘다는 핑계로 미뤄두고 있었는데 전시라는 마감일이 잡히는 순간부터 부지런히 작업을 하더니 일주일 만에 정리를 다 끝냈다고 연락했다.

우리 대부분이 이런 심리적인 반응을 보인다. 데드 라인이 정해지면 뇌가 평소보다 더 긴장하면서 활동을 시작한다. 마감 시간은 작업이나 글쓰기 같은 프로젝트를 조직하고 완료하기 위한 효율적인 도구이다. 마감 시간이 정해지면 제한된 시간 안에 목표를 달성해야 하므로 이에 따른 계획이 필요하고 일의 순서와 우선순위를 결정하게 한다. 또한 마감 시간은 작업에 대한 동기부여를 제공한다. 마감 시간이 있으면 작업의 일관성이 강화된다. 작업의 진척 상황 평가가 가능해진다. 나 역시 날마다 해야 할 미션들이 너무 많아 하루하루 미뤄 놓았지만 마감일이 정해지자 그때부터 속도를 붙여 체계를 잡고 계획을 세우고 하나씩 적어나가다 보니 한 권의 책에 이르렀다.

한 권의 '사람책'으로 태어나다

2023년 기준으로 지구별에 사는 인구는 78억 정도이고 대한민국을 5천1백3십7만 명 정도이다. 이 중 어떤 사람도 나와 같은 삶을 살아내고 있는 사람은 없다. 그리고 어떤 사람의 삶도 특별하지 않은 삶은 없다. 한 사람의 일생이 곧 한 권의 책이다. 우리의 삶은 모두 각각 독특하고 풍성한 이야기로 가득 차 있다. 수많은 에피소드와 감동을 가지고 있다. 막 태어났을 때 아무것도 몰랐던 한 아이가 언어를 배우면서 가정과 사회라는 두 가지 구조 속에서 자아정체성을 확립해 가면서 한 인간으로 살아낸다. 한 인간의 어린 시절, 성장 과정, 도전과 실패, 행복과 슬픔, 성취와 성장 등 다양한 장면들로 순간순간이 채워져 있다. 삶의 각 페이지마다 새로운 경험과 교훈으로 가득하다.

나는 우리가 지구별 여행자라고 생각한다. 여행을 가면 그곳의 낯선 풍경과 사람들이 나를 설레게 하고 나를 깨우치고 나를 가르치고 각성하게 한다. 마찬가지로 '나'라는 독특한 정체성으로 이 지구별에 와서 우리는 숱한 경험을 통해 날마다 거듭나는 존재로 변신하고 있다. 나는 경험이 아니다. 나는 직업 자체가 아니다. 나는 환경이 아니다. 나는 그 경험과 그 직업과 그 환경을 통해 새로운 나를 지속적으로 만나고 있다. 이 모든 경험이 나를 깨우치는 동력으로 활용되어야 한다.

세상에 하나밖에 없는 나의 발걸음, 먼저는 내가 나를 기록해야 한다. 기록은 글쓰기를 통해 이루어진다. 우리 모두 사람 책이므로 이 경험을 공유하기 위한 방편으로 종이책이 나오고 전자책이 세상에 나온다. 나를 나누고 나의 경험을 나누고자 하는 이 적극적인 몸짓을 나는 적극 환영한다. 우리는 서로를 읽어주는 적극적인 독자가 되어야 한다. 독자와 작가, 작가와 독자. 수시로 바뀌는 이 경험 중

작가에서 독자로, 독자에서 작가로의 성장 경험을 서로 나누는 것은 감동적인 일이다.

〈만만한 글쓰기〉라는 제목으로 시작된 글쓰기는 결국 완결되어 한 권의 책이 되었다. 내가 쓴 글이 책으로 만들어지는 과정은 누구나 할 수 있지만 누구나 경험할 수는 없다. 일단 써야 하니까. 놀랍게도 실존철학자 니체의 전언처럼 '시작하면 시작되는' 이 놀라운 선택의 결과물. 5,000자도 쓸 수 있을까, 자신을 의심하던 참여자들은 2만 자가 넘는 글을 쓰기도 했다. 일단 물꼬를 터주니 이야기 주머니에서 잠자고 있던 이야기들이 술술 풀려나왔다. 책 〈나의 조각들〉 앞면 날개에 저자들이 자신들을 소개한다.

김성하*

찬장 깊은 곳에서 먼지를 이불 삼아 쌉싸름한 옅은 향을 뱉으며 숨을 죽이는 찻잎, 일본에서부터 얼룩을 이고 온 어느 구제샵의 티셔츠, 몇 년째 우직하게 자리를 지키고 계시는 개인 카페 사장님과 수시로 바뀌는 카페 대문 앞의 카펫, 오늘도 나는 신경 쓰지 않아도 되는 곳에 구태여 눈길을 나누고선 사연을 궁금해한다.

김정연*

2021년 동신대학교에 입학하여, 2023년 글쓰기 특강을 통해 작품 활동을 시작하였다.

김진우*

누군가가 말합니다. 세상은 차갑고 더럽다고. 난 대답한다. "당신이 정답입니다." 하지만 저는 세상이 아름답다고 생각합니다. 왜냐하면 저는 세상을 아름답게 바라보기 때문이죠.

김태은*

내 생각대로 삶이 흘러가지 않아도 뭐 어때? 재밌으면 됐지! 생각대로 흘러가지 않아노, 좌절해도 돼! 나중에 생각했을 때 재밌었다고 느끼기만 하면 돼! 여전히 좌절도 하고 재미도 찾는 모험가.

이유정*

'타인을 사랑하기 전에 먼저 자기 자신을 사랑하라. 내가 나를 사랑하지 않으면 그 누가 나를 사랑하겠는가. 자신을 사랑할 때 비로소 타인도 사랑할 수 있게 되며, 나아가 우주로부터 사랑받을 조건이 갖추어진다.' 내가 가장 좋아하는 문구인 법상 스님의 말씀이다. 모두가 나 자신을 먼저 사랑했으면 좋겠다.

정지훈*

신입 작가. 03년도 1월 출생. 네이버 웹소설에 에세이, 일상 소설 연재 중, 좌우명은 나를 위한 삶 흔들림 없이.

홍은서*

나른한 오후가 좋은 사람. 아낌없이 주는 나무처럼 뭐든 희생하는 사람. 추억보다 앞으로의 미래가 더욱더 기대되는 날이 펼쳐지길 작게 소망한다.

황지원*

수많은 경험을 양분 삼아 살아가는 사람. 좋았다면 추억이고 나빴다면 경험이란 말을 굳게 믿고 있는 사람. 어제보다 더 나은 오늘을 위해 살아가는 사람. 경험이란 사람을 꽃 피게 만드는 따스한 빛. 글쓰기란 경험의 여정을 기록하는 과정.*

〈만만한 자서전 글쓰기 교실〉 강의 후기

동신대학교 학술문화정보원이 '만만한 글쓰기 교실(자서전 클래스)'를 열어놓은 덕분에 커다란 문이 생겼다. 이 문을 통해 동신대학교 학생들이 저벅저벅 걸어 들어와 새로운 세상을 경험하였다. 총 4회에 걸쳐 2시간씩 진행된 이번 프로젝트를 통해 짧고 아쉽지만 무르고 연약한 과일이 단단하면서도 촉촉한 과즙으로 가득한 맛난 과일로 변화하는 과정을 함께 경험할 수 있었다.

이 클래스의 목적은 '재학생 창의적 글쓰기 및 의사소통 역량 함양'이었고, 주제는 '내면 치유 자서전 글쓰기'였다.

　인간은 '인성적', '감성적', '지성적' 존재이지만 이를 갈고 닦지 않으면 얼굴을 깨끗하게 볼 수 없는 불투명한 청동거울과 다를 바 없다. 인문학적 글쓰기를 목표로 한 이 강의에서 돋보이는 것은 '만다라 문학 심리 치유 글쓰기'로 만다라는 분석심리학자 칼 융 박사가 환자의 내면 치료를 위해 사용한 방법이다. 만다라는 상하좌우가 서로 마주 보고 있는데 이는 내면의 밝음과 어둠을 서로 마주 보게 함으로써 내 안의 대극적 요소를 상생의 요소로 전환시키는, 말하자면 나의 의식과 무의식이 서로 조화를 이루고 있음을 깨닫는 도구로 사용된다.

　참여자들이 지금까지 살아온 20여 년을 정리하고 자신의 정체성을 확립하고 미래에 대한 비전을 고민하는 글쓰기를 해 보자는 게 이 강의의 목적이었다. 글쓰기가 이론이나 사변적인 어떤 것으로 경험되는 것이 아니라 내 안의 경험과 의식을 끄집어내는 의도적이고 구체적인 활동으로, 잘 쓰는 것이 목적이 아니라 내 안의 나와 조우하는 것이 목적이었다.

　4회에 걸쳐 인문학적 글쓰기란 무엇인지 나누었다. 인문학적 글쓰기가 인문학적으로 인성, 감성, 지성의 조화를 통해 우리 뇌를 어떻게 얼마나 폭발적으로 바꾸는지, 글 쓰는 과정을 체험함으로써 나의 내면을 어떻게 파악할 수 있는지 체험하였다. 무엇보다도 만다라를 그리면서 내 안의 것들을 끄집어내는 과정을 진행하였다.

만다라를 처음 그렸다. 온전한 지금까지의 '나'로 우리가 완성되었다고 '착각'하는 나를 점점 심도 있게 들여다봄으로써 내 안에 무한한 가능성 덩어리가 잠재하고 있음을 깨닫는 시간을 가졌다. 만다라는 3회에 걸쳐 진행되었다. 말하자면 그려진 만다라 위에 조금씩 더 구체적으로 표현해 나가는 방식이었다. 첫 만다라는 원래 나라고 착각한 나이며 두 번째, 세 번째 만다라는 앞으로 내가 만들어가야 할 새로운 나를 상정한다. '다 끝났다'고 우리가 생각하는 순간에도 늘 새로운 가능성들이 무궁무진하다는 사실을 체험하는 과정이었다.

시집을 펼쳐 10개에서 15개의 단어를 탐색한 다음 그 단어들을 사용해 문장을 만들어나가는 실험을 진행하였다. 이 과정을 통해 어떤 단어를 선택해도 그것이 무의식적으로 내가 선택하는 단어이며 구조화된 의식 속에서 새로운 나를 만나는 것이 가능한지 탐색하였다.

체배나 글쓰기를 진행하였다. 이는 네덜란드의 7행시로 글쓰기가 습관이 되면 얼마나 쉽고 유용한지 깨닫는 장으로 활용하였다.

100세 유언장 쓰기를 진행하였다. 20여 년 살아온 과정으로는 앞으로 남은 80여 년의 삶을 미루어 짐작하기가 힘들다. 이를 의도적으로 생각하게 함으로써 나의 미래의 지평을 넓힐 수 있는 깨달음의 시간을 가졌다.

자서전 글쓰기 과정이므로 내가 살아온 삶들을 연대기적으로 기술하거나 특정한 에피소드를 끌어와 풍성한 상상이 가능하도록 유도하였다. 처음에는 생각이 안 난다고 하던 학생들이 구체적인 에피소드를 제시함으로써 그 추억들이 어떻게 현재에 닿아 있는지 체험하는 놀라운 자각의 시간이었다.

목표는 5천 자에서 1만 자 글쓰기였다. 하지만 대부분의 학생들은 6천 자에서 2만 자에 이르는 글쓰기를 완성함으로써 내 안에 잠재되어 있던 다양한 자신들을 무의식적 글쓰기를 통해 자신도 모르게 끄집어냄으로써 글쓰기 능력을 비약적으로 향상시킬 수 있었다.

이 과정을 진행하면서 놀랐던 것은 학생들의 잠재된 역량이었다. 대부분 글쓰기에 대한 열망은 있지만 그것을 구체화할 수 있는 역량을 스스로 가지고 있는지 의문을 가지고 있었던 첫, 에서 출발해 글을 마무리 지을 때는 '나에게 이런 잠재적인 글쓰기 능력이 있음을 깨닫고 너무 놀랐다'는 반응을 보여주었다. 그리고 앞으로는 늘 글쓰기를 통해 나를 반추해보고 미래를 구상해 나가는 습관을 들이겠다는 글쓰기 후기를 강사에게 보내주었다. 또한 쓰기 위해서는 읽을 수밖에 없으므로 독서를 습관화해야겠다는 깨달음을 전해주었다.

참여자들이 쓴 글을 모아 오탈자를 확인하고 문장을 수정하고 띄어쓰기 등을 바로잡는 과정을 진행했다. 초고를 받아 피드백을 하고 그것을 조금씩 튼튼하게 만들어 나가는 과정이 진행되었다. 참여자들은 더하고 빼는 과정을 통해 점점 단단해지는 글쓰기를 완성해나갔다. 이 과정을 통해 10인 10색, 100인 100색이라는 놀라운 사실을 다시 한번 깨달았다. 우리는 모두 자기만의 독특한 색깔을 지닌 존재들이다. 내가 살아온 과정들은 오직 나만이 경험한 것이다. 그것이 자랑스러운 것이든 부끄러운 것이든 그 안에 함몰되지 말고 늘 객관화하는 작업, 즉 텍스트화하는 작업을 습관화해야 한다. 그러면 고통에 빠지지 않고 교만에 빠지지 않고 자만에 빠지지 않는다. 글 쓰는 이라면 나의 모든 체험과 느낌, 감정들을 텍스트화하는 연습을 꾸준히 해야 한다. 나는 이 모든 경험을 통해 성장하고 성숙하는 존재이지 그 고통이나 기쁨, 그 자체가 아니다.

이 프로그램을 통해 나를 더 잘 들여다보고 내 안의 가능성과 잠재 능력을 발견하고 내일에 대한 보다 구체적인 그림을 그릴 수 있게 되었다면 참으로 귀한 글쓰기 경험이 되었을 것 같다. 나는 경험 그 자체가 아니다. 경험을 통해 지속적으로 다른 지점으로 이동한다. 인문학적 글쓰기는 기술적으로 잘 쓰는 게 목적이 아니다. 내 삶을 보다 효율적이고 긍정적이고 적극적이고 상생할 수 있는 영역으로 전환할 수 있는 힘을 기르는 것이다. 내가 쓴 글, 세상에서 가장 소중하다.

끝으로 이 과정을 진행하여 주신 학교와 관계자 여러분의 지성과 감성과 열정에 감사드린다. 성장하는 학생들을 위해, 혹은 학생들의 성장을 위해 부단히 새로운 프로그램을 개발하고 그 과정을 체험하게 함으로써 새로운 존재, 새로운 인간으로 변신하게 하는 것, 학교의 책무이기도 하다. 내가 존재하는 지금 이곳이 천국이라는 사실을 깨달을 수 있도록 더욱 깨어 있는 우리이기를 바란다.*

조금 전 북카페에 예기치 않은 선물처럼 두 분의 영혼이 다녀가셨다. 담양에서 정읍으로 가는 길에 이야기를 나누다가 우연히 내 이야기가 나왔단다. 한 분은 내 책을 구매해서 선물했고 다른 한 분은 그 선물을 받았다.

책 선물을 받은 분이 궁금해해 잠깐 차를 마시러 들렀다. 선물을 받은 분은 '인생 수업, 웰 다잉, 힐링 자서전 쓰기 지도'를 하시는 분이었다. 내 책이 유려하고 쉽게 이해되었다고 했다. 독서력이 뛰어난 분임에 틀림없다. 내 책은 이해하기 쉽지 않고 시간이 많이 걸린다고 말하는 이들이 더 많기 때문이다. 그는 이미 돌아가신 분들의 자서전을 쓰는 작업을 많이 한다고 했다. 적게는 한 권, 많게는 20여 권이 책으로 나온다고 했다. 소수의 사람들이 죽은 이를 기억하기 위해 자서전을 의뢰한다는 것이다. 아직 자신의 책을 가지고 있지 않은 웰다잉 작가는 자신의 책을 가져야겠다는 생각을 요즘 하고 있다고 했다. 책 선물을 하신 분은 나의 지인이다. 그녀는 한때 많이 아팠고 이후로 삶의 방향을 전향했다. 자신을 위한 삶을 살기로 결정한 그녀는 20여 년을 자신에게 집중하고 있다. 얼마나 할 이야기들이 넘칠 것인가. 그녀도 책 내기를 진지하게 고민하겠다고 말했다.

우리는 모두 사람 책이다. 사람 책이 종이책이 되어 나오려면 일정한 과정을 경험해야 한다. 이 경험이 나를 질적으로 다른 단계로 옮겨준다. 내가 살아온 경험을 복기하는 경험은 어제를 재해석하게 한다. 재해석된 어제를 가진 나는 어제와는 다른 새로운 나로 거듭나게 된다. 평범한 삶은 없다. 나랑 같은 삶을 체험하는 이는 없기 때문이다. 사람 책에서 종이책으로 변신해 보자. '나'는 수많은 경험으로 이루어진 스토리텔러니까.

국립도서관에 도착한 나의 책

책 한 권이 ISBN 코드를 입고 세상에 태어나면 이 책은 국립도서관에 비치된다. 2022년 1월 기준으로 국립도서관은 약 540만 권 정도를 소장하고 있다. 바다에 파도, 파도의 포말 한 점이라 하더라도 그 한 점은 분명 파도의 일부이며 바다의 일부가 된다. 시냇물이 졸졸 흘러서 강으로 가고, 강을 거쳐 가장 광활한 곳, 바다에 이르는 길. 누구나 한번 가봄 직하지 않을까.

ISBN 시스템은 1967년 독일과 영국에서 처음으로 도서 번호를 부여하기 시작해서 국제적으로 활용되고 있다. 표준 도서 번호를 할당하고 관리하기 위해 도입되었다. 1970년대부터 다양한 국가에서 이 시스템이 채택되었고 우리나라는 1978년도에 도입되었다. '국제 표준 도서 번호'인 ISBN은 출판 활동을 효율적으로 지원하고 독자들이 특정 책을 찾아내는 데 도움이 되는 중요한 도구 중 하나가 되고 있다. ISBN은 13자리 혹은 10자리 숫자로 이루어져 있는데 각 숫자는 책을 특정 정보를 나타낸다. 국가, 출판사, 책의 버전 등을 표시한다. 이 작업은 국립중앙도서관이 담당한다. 국립중앙도서관은 국가 차원에서 도서 자료를 수집하고 관리하면서 국민들에게 도서관 서비스를 제공한다. 반면 국립도서관은 국내의 지방 도서관들을 포함해 전국적인 도서관 네트워크를 지원한다. 국립도서관은 국

내 출판물을 수집하고 보존해 우리가 자유롭게 열람할 수 있도록 지원한다. 내 책이 세상에 나와 ISBN을 받는다는 것을 상상해 보라. 사람은 가도 책은 남는다.

나는 동신대학교에서 진행한 글쓰기 강좌를 내 블로그를 통해 소개했다. 블로그를 통해 나의 글쓰기 강좌를 소개하고, 앞으로 대학생 뿐만 아니라 일반인들에게도 참여할 수 있는 강좌를 마련하고 싶다. 이것이 오늘도 블로그에 글을 올리는 이유가 아니겠는가.

엄마와 함께 한 레뷰 체험단

05 레뷰 체험단을 통해 세상과 교류하다

행운은 내가 노력할수록 나에게 달라붙는다
-토마스 제퍼슨, 미국 대통령

레뷰REVU 체험단을 통해 세상과 교류하다

 블로그 서평단을 통해 150권 넘는 책을 서평하면서 세상을 많이 배웠다. 각 권을 평균 15,000원으로 계산한다면 2백 2십 5만 원 가량의 책을 제공받은 셈이다. 서평단을 통한 책 서평 블로그는 다수 서평이 다음Daum 검색 1순위나 상위에 올라 있다. 이웃 수가 3,000명이 넘어가고 방문 이웃 수도 일일 100명이 넘어가자 나는 체험단에 도전했다.
 체험단 프로그램은 소비자들에게 제품이나 음식, 숙박 등의 서비스를 직접 체험하여 이를 블로그에 올림으로써 제품에 대한 대중적인 신뢰를 얻기 위해 사용된다. 체험단은 소비자와 기업 간의 소통과 상호작용을 강화하고 제품이나 서비스 홍보와 마케팅을 위한 매우 효율적인 방법이다. 체험단에 참여하는 이들은 파워 블로거라 할 만하다. 그들의 체험이 블로그에 개시되면서 많은 사람에게 정보를 제공하는 출처로 작용하기 때문이다. 그래서 체험단들은 '인플루언서'라고 불린다.

 체험단을 알아보니 '강남맛집', '리뷰노트' 등 꽤 많은 체험단 앱들이 있었다. 나는 '레뷰REVU'를 선택했다. 레뷰 앱을 통해 가입 신청을 하니 블로그와 유투브, 인스타를 연동하게 했다. 5월 22일에 블로그를 본격적으로 시작했고 7월에 첫 서평단 리뷰를 썼고 9월 21일에 처음으로 체험단 리뷰를 썼다. 9월에는 3개, 10월에는 18개의 체험단에 참여했다. 11월에는 9개, 12월에는 14개, 1월에는 6개의 체험단에 참여, 약 4개월간 50개의 체험단 서평을 썼다.

체험단은 '생활', '유아', '디지털', '뷰티', '여행', '식당' '카페', '숙박' '기자단' 등 다양한 카테고리가 있다. 지역도 '전국'을 선택할 수도 있고 나처럼 '전남, 전북, 제주'만 선택할 수도 있다. 각 체험단은 내 경험으로 보아 '2만 원' 가량에서 '30만 원'까지 다양하다. 블로그를 부지런히 관리하면 가지 칠 수 있는 분야들이 다양하다는 사실을 배웠다. 체험단에 등록하는 업체들의 입장에서 보면 블로거들이 자신들의 업장에 와 체험하고 그 경험을 블로그에 올려 검색의 폭을 넓힌다는 것은 큰돈을 들이지 않고도 홍보할 수 있는 마케팅 효과가 크기 때문에 적극적으로 참여할 수밖에 없다.

*꿀팁
내가 거주하는 곳은 순창이므로 나는 전남, 전북, 제주를 레뷰 신청 카테고리로 설정했다. 날마다 생활 가전을 비롯, 책, 식당, 카페, 숙박 등 다양한 체험들이 날마다 업그레드 된다. 대체로 신청 기간은 3일에서 7일 정도이고, 선정되면 블로그를 쓰는 기간도 대체로 일주일 전후라고 보면 된다. 체험단을 모집하는 기간 동안 블로거들은 날마다 무엇을 체험하고 싶은지를 정한 뒤에 날짜가 맞는 체험을 탐색하게 되어 있다. 말하자면 탐색할 때마다 블로거들에게 노출되면서 뇌리에 각인되고 그 자체로 홍보 효과가 증폭되는 셈이

다.

　체험단에 대한 경험이 쌓이자 나만의 꿀팁들이 생겼다. 만약 목포에 간다고 해 보자. 그러면 숙박, 맛집, 카페, 승마나 요트 타기 등의 체험단을 검색한다. 대개 체험단 모집이 올라오는 기간과 종료되는 기간이 겹치기 마련이다. 한 번은 함평댁님과 목포에서 점심 식사를 한 뒤 변산 펜션에서 머무른 적이 있다. 펜션은 바닷가 근처였고 많은 펜션들이 있었다. 4층 카페에서 빵과 차를 마시며 바닷가에서 해가 지는 모습을 바라보았다.

　여수 맛집은 두 곳이 동시에 선정되어 점심과 저녁 식사를 하고 돌아오면서 예스이지 영어회화 쇼츠를 3편 찍어왔다. 한 번은 4컷 사진에 선정이 되어 사진을 찍고 간식을 먹고 골프 레슨을 받고 화순으로 이동해 숙박하면서 가을 꽃축제에 다녀오기도 했다. 부지런하기만 하면 선택의 폭이 더 넓을 것이다. 이런 혜택 모두가 파워 블로거이기 때문에 가능한 일이다. 포스팅을 정성껏 하자. 한 번 포스팅하면 기록이 된다. 기록이 쌓이면 역사가 되고 커리어가 된다. 건물 한 채 짓는 일이다. 나는 블로그 건물주다.

　내가 가끔 가는 담양 식당이 있다. 이곳은 도로에서 보자면 안쪽으로 들어가 있어 눈에 띄는 곳이 아니다. 3년쯤 날마다 출퇴근을 하느라 지나다녔는데 서너 번 간판이 바뀌었다. 장사가 안 되는 곳이었다. 언젠가는 출근하는데 또 간판이 바뀌어 있다. 퓨전식당이었다. 내친 김에 약속장소를 그곳으로 잡고 한 번 방문해 보았다. 1층 한옥 건물이었고 규모는 그리 크지 않았다. 반찬이 정말 퓨전이었다. 깻잎 위에 보리알이 보이기도 하고 호박도 갈아서 견과류와 섞여 나오는데 맛이 독특했다. 좋은 기억에 다시 약속을 그곳으로 잡았다.

그렇게 나는 그곳 단골이 되었는데 이 대표님은 내가 가끔 책을 선물하곤 했는데 선물로 받으면 안 된다면서 밥값을 안 받거나 거기에서 판매하는 무언가를 내밀곤 했다. 미안해서 못 가겠다 싶을 만큼 정성을 다하는 것이다. 화장실에 가면 1회용 칫솔이 준비되어 있다. 일을 보려고 변기에 앉으면 눈높이에 A4용지 크기의 종이와 볼펜이 연결되어 있었다. 좋았나요? 무엇이 좋았나요? 서운했나요? 어떻게 바꿀까요? 등의 요지가 담긴 질문지였다.

그렇게 이 식당은 점점 손님들의 기호를 반영하면서 꾸준히 성장했다. 한 달에 하루를 정해 수익의 일부 또는 전부를 기부하는 선행도 꾸준히 한다. 직원들이 점점 늘더니 이제는 제복처럼 개량 한복을 입고 있다. 매우 친절하다. 한옥 건물 한 채가 옆으로 늘어나고 늘어나더니 이제는 첫 건물의 3배 이상 성장했고 연못이 만들어지고 물고기가 헤엄치고 정자가 생기고 옆에는 카페도 생겼다.

입지가 좋지 않다고 자주 간판이 바뀌던 그 장소가 이제는 담양의 핫 플레이스가 되었고 죽녹원 등 담양을 찾는 관광버스들도 그곳을 찾는다. 건물이 도로에서 봤을 때 안쪽으로 들어가 좋지 않다던 곳, 그 빈 터는 이제 주차할 자리가 없을 만큼 많은 차들이 주차되어 있다. 모두 식당으로 들어가는 사람들이다. 이만큼 성장하다 보니 1킬로 반경에 대형카페가 들어섰다. 선순환이다. 이런 성장, 나도 하고 싶다. 블로그라는 건물을 잘 활용해서 말이다. 핫 플레이스 블루노트책방, 핫 플레이스 예스이지 영어회화. 기대된다. ^^

맛집 투어 가는 인플루언서

맛집 투어는 참 다양하게 한 것 같다. 특히 목포를 자주 다녀왔다. 홍어탕도 먹고, 낙지, 문어, 바닷가재 등 다양한 해산물 요리를 먹었다. 특히 목포 유달산 항구 포차 11호점이 기억에 남는다. 이 포차는 이모 같은 두 분이 계셨는데 음식도 참 푸짐했다. 젊은 청년들이 SNS에 능숙해 부지런히 홍보할 때 이분들은 그렇게 하지 못하고 있을 터였다. 그래서 다 알려주고 싶은 생각이 들 만큼 음식도 맛있고 품도 넓었다. 내가 좋아하는 문어를 남길 정도로 대게도 맛있었고 낙지도 맛있었고 조갯살로 맛있었다. 홍합도 많았다. 오뎅이 4꼭지나 있어서 다 먹을 수 없었다. 주말이었다.

대개 체험단은 월요일에서 금요일에 체험을 신청한다. 주말 특수가 있어 주말은 손님들로 분주한 곳이 대부분이기 때문이다. 하지만 항구 포차 11호점은 토요일에 와도 좋다고 했다. 간 김에 바로 곁에 '삼학도 크루즈 선상 불꽃축제'가 있어 함평댁님을 위해 예약했다. 6시 30분에 승선해 1시간가량 목포 밤바다를 구경할 수 있었는데 야경이 참으로 아름다웠다. 7시쯤 되자 불꽃축제가 시작되었다. 약 6분 가량 계속된 이 불꽃놀이는 음악과 절묘하게 어우러져 밤하늘을 꽃밭처럼 환하게 만들었다. 처음 보는 밤바다 불꽃놀이에 함평댁님은 흠뻑 빠져들었다. "너무 멋지다야." 이런 구경도 할 수 있게 해줘서 고맙다고 말씀하신다. 블로그를 키우는 작업을 꾸준히 했기 때문에 가능한 결과물이다. 블로거들이 체험한 뒤 자신들의 블로그에 포스팅 함으로써 대단한 홍보 효과를 거둘 수 있으므로 어떤 일을 하든 매출을 올리고 자신의 매장을 알리고 싶다면 체험단을 신청하는 것이 매우 효율적이라는 생각이 든다.

홍어탕 식당은 목포 북항 건너편에 있다. 신안 홍어로 유명한 식당이라고 했다. 시장에서 어물전 장사를 하던 어머니 곁에서 식당을 하다가 이리 옮겨왔다고 한다. 2층으로 올라가니 북항을 조망할 수 있는 멋진 뷰가 있었다. 역시 선점한 손님들이 있어서 1층으로 내려왔다. 홍어를 사랑하는 엄마와 나는 홍어탕을 맛나게 먹고 홍어를 6만 원을 주고 포장해서 가져왔다. 체험단을 하면 음식을 제공받지만 여러 번 다니다 보니 얻은 팁이 있는데 제공받은 음식만 먹고 나오지 말고 맥주나 음료수를 주문하거나 다른 음식들을 주문한 뒤 조금이라도 계산을 하고 나오면 마음이 더 편한 때도 있었다. 식당에서 나와 길 건너 북항 어시장을 구경했다. 우리는 대게와 생선을 사 가지고 돌아왔다. 엄마는 말씀하셨다. "이제는 남광주 시장이 아니라 이곳 시장으로 와야 쓰겠다야. 생물이라 건강하고 맛있어 보인다야."라고 말씀하신다. 늘 올 수는 없지만 그래도 자주 오고 싶은 목포 북항이었다.

'씨펄'이라는 횟집은 처음에는 발음하기 조금 난해했다. 하지만 '바다 진주'를 뜻하는 'Sea Pearl'이라는 사실을 알고 엄마께 알려드렸다. 사장님과 아들이 주방을 담당했는데 두 분 다 과묵해서 독특한 식당이라는 생각이 들었다. 반찬이나 회 상태는 건강하고 맛났다. 손님들이 들어와 주문할 때마다 실내에 있는 수족관에 뜰채를 들고 나타난 사장님은 주문받은 물고기들을 잡아서 작은 통에 담아 식당으로 가져갔다. 세 명의 남녀가 있던 테이블이 치워지고 그 자리에 젊은 연인들이 앉았다. 손님들이 들고나는 속도로 보아 이 식당은 음식 소문이 괜찮은가 보다 하는 생각이 들었다. 양은 많지 않았지만 깔끔한 곳이었다. 씨펄도 포장마차 식당 부류인지 늦게 문을 열었다. 그래서 하늘빛정원에서 4시에 출발해 6시, 겨울 해가 지고 나서야 목포에 도착했다. 이곳은 북항과는 다른 신도시인지 불빛이 휘황했고 다양한 먹거리 건물들이 눈에 띄었다. 바람이 차갑게 불었으므로 우리는 옷깃을 여며야 했다.

순천은 장어 식당에 다녀왔다. 이곳은 창문이 오픈된 공간이었고 이곳 역시 주류를 중심으로 하는 식당인지 5시가 넘어서 간다는 예약을 하고 갔다. 바닷장어가 접시에 깔끔하게 구워져 나왔다. 우리는 몇 개의 소스로 찍어서 깻잎에 싸서 먹었다. 풍미가 있었다. 텔레비전에 방영된 적도 있었는지 매장에 설치된 텔레비전을 통해 방영되었던 조리 장면들과 맛있게 먹는 장면들이 무한 반복되고 있었다. 젊은 청년들이 서빙을 하는 곳이었다. 배달도 하는지 분주히 배달 맨들이 오갔다. 빗방울이 조금씩 떨어지기 시작하는 시간, 저녁 무렵의 가로등과 어두워진 하늘을 바라보면서 시내를 빠져나왔고 비 내리는 도로를 달려 하늘빛정원으로 돌아왔다. 맛집 투어는 즐겁다.

고창 식당도 장어 식당이었다. 이곳은 강변에 위치해 있었는데 오래된 역사가 느껴졌다. 항아리들이 주차장에도 인테리어가 되어 비치되어 있었고 주차장으로 활용하는 마당 구석구석에 놓여 있었다. 이때는 여름이 한창이었다. 조금 덥다는 느낌을 받을 정도로 장어를 굽는 시간은 뜨거웠다. 맛집으로 오랜 역사를 지닌 곳이었다. 이곳은 장어를 두 종류로 주었는데 하나는 소금 양념을 한 것이었고 하나는 고추장으로 양념을 한 것이었다. 반찬은 풍성했고 야채도 많아 먹거리가 풍성한 편이었다. 귀에 조금 거슬렸던 것은 주방 근처에 있던 텔레비전에서 나오는 드라마의 장면들이 귀에 쏙쏙 들어온다는 사실. 한 장소를 멋진 곳으로 만드는 것은 음식뿐만은 아니다. 귀로도 먹을 수 있고 눈으로도 먹고 냄새로도 먹는다. 이 식당은 눈으로, 냄새로, 입으로 먹는 음식은 맛깔스러웠으나 드라마에서 나오는 불안정한 대사들과 음악들이 먹는 순간들을 최고의 순간으로 만들어주지 못했다. 돌아오는 길에 유료인 멋진 정원을 산책하고 하늘빛정원으로 돌아왔다.

여수 향일암 방향에 있는 갈치 조림 식당에 다녀왔다. 이곳은 겨울에 방문했다. 하늘빛정원은 눈이 온다는 예보가 있었으므로 여수도 눈이 오면 어쩌나 생각했는데 여수는 따뜻한 곳이었다. 주인은 모두 여유로웠고 음식에 자신감을 내비쳤다. 오래된 곳이 풍기는 넉넉함도 느껴졌다. 식당 옆 좌석에 앉은 노부부는 오랜 단골 같았다. 주인은 몇 번 다녀가면서 부족한 것은 없는지 물었다. 이곳이 독특한 것은 갈치를 김으로 싸먹으면 좋다고 김 두 장을 건네준 것이었다. 김을 4등분한 뒤에 김에 갈치와 무를 싸 먹었다. 오래 기억될 맛이었다. 갈치 조림은 싱싱했다. 갈치 조림을 좋아해 여러 곳에서 먹었고 집에서도 잘 먹지만 이 갈치 조림은 두툼하였고 무엇보다 빨간 양념이 인상적이었는데 무가 푹 고아질 만큼 오랜 시간 조린 것 같은데 군내도 나지 않고 걸쭉하게 맛있었다. 남긴 양념이 아까울 정도였다. 미역국도 맛났다. 여수 특산물인 게장과 갓김치가 나왔다. 게장은 다 먹고 갓김치는 남았다. 향일암까지 들렀다. 눈이 아닌 비가 조금씩 떨어졌다. 우산을 쓰고 향일암까지 걸었다. 오랜만에 와서인지 많이 변해 있었다. 대형 주차장이 생겼고 오르막길은 모두 포장이 되었으며 양쪽으로 늘어선 가게들은 정비가 되어 있었다. 향일암으로 올라가는 길은 두 갈래 길이 있었고 한쪽 길은 끝없이 올라가는 계단이 펼쳐져 있었다. 우리는 멀리 돌아가는 길을 택했다. 힘들다고 생각했지만 곧 향일암에 도착했고 멀리 펼쳐진 바다를 볼 수 있었다. 놀랍게도 많은 여행객들이 있었다. 나는 이곳에서 두 편의 '예스이지 영어 회화' 쇼츠'를 찍었다. 카메라와 연결된 마이크를 장착하니 주변 소음이 잘 들리지 않게 녹음되는 것이 신기했다. 내려오는 길은 계단을 택했고 그곳에서 한 컷의 쇼츠를 찍었다. 오래 기억 남을 여행이었다.

저녁 식사는 하멜등대가 있는 여수 낭만포차 맛집 2호였다. 빨간 낭만 포차들이 즐비했다. 위로는 다리가 있고 건너편에는 바다가 있었다. 여수 밤바다. 아름다웠다. 청년들이 주인인 포장마차는 젊은이들이 들고 났다. 겨울이지만 몇 개의 난로만으로도 추위를 느끼지 않을 만큼 포장마차 안은 편안했다. 하멜등대 쪽으로도 맛집들이 즐비했다. 이곳은 맛집 동네인 듯했다. 하멜등대 앞에서 '예스이지 영어 회화' 쇼츠 한 편을 더 찍었다. 야외에서 촬영하는 것도 독특한 매력이 있었다. 비는 오다 말다 했다. 우리 머리 위로는 케이블카가 부지런히 움직이고 있었다. '블루노트TV'가 영어 쇼츠로 유튜브의 알고리즘에 포착되어 올라가는 순간, 블루노트TV의 구독자들이 폭발적으로 늘어날 것을 기대하면서 한 편 한 편 만들어 공유한다. 아, 우리는 '해물모듬물회낙탕이'와 '참치마요 주먹밥'과 맥주 한 병을 주문했다. 참치와 마요네즈와 밥, 그리고 김가루가 뿌려진 그릇이 식탁 위에 올려졌다. 비닐장갑을 끼고 비벼서 주먹밥을 만들었다. 고소했다. 곧이어 식탁에는 '여수를 담다'라는 깃발과 함께 메인 요리가 등장한다. 나는 멍게, 해삼, 그리고 산 낙지를 먹었다. 멍게와 해삼은 너무 신기하다. 씹히는 맛도 독특하다. 익힌 문어와 오징어는 마지막까지 남았다. 여수 밤바다를 바라보며, 지나가는 커다란 배도 바라보며, 비 오는 여수에게 인사하고 차에 올랐다.

함평댁님과 내가 처음 방문한 곳은 광주 동운정이었다. 이곳은 1988년부터 식당이었다고 하니 얼추 35년의 역사를 갖고 있다. 요즘 음식점들은 6개월을 버티면 그런대로 장사를 할 만하다고 평가한다고 한다. 그만큼 많은 사람들이 식당을 차렸다가 그만두곤 한다. 음식은 누구나 만들 수 있지만 누구나 손님으로 만들 수 있는 것은 아닐뿐더러 음식을 잘 만드는 것 외에도 다양한 변수들이 있고 이런 변수에 적극적으로 대처하지 못하면 음식점을 오래 경영하기란 쉬운 일이 아닌 듯하다. 이곳이 기억에 남는 이유는 또 있다.

레뷰 체험단을 신청한 후 가장 첫 번째로 선정된 곳이라는 사실이다. 또한 재방문이 가능하다고 해도 다시 가기는 꺼려지는데 이곳은 두 번 방문했다. 함평댁님이 좋아하시기 때문이다. 나는 베지테리언이다. 가능하면 채식 위주의 식사를 한다. 하지만 빨간 고기를 좋아하시는 함평댁님을 위해 가끔은 외식을 통해 육고기에 대한 향수를 채워드려야 한다.

처음 갔을 때 동운정에서 우리는 소고기 육회와 숙성회를 주문했다. 그래서 연어 요리는 내가 먹고 연어 반과 소고기 대부분은 함평댁님이 드셨다. 행복하고 뿌듯한 표정이셨다. 두 번째 방문했을 때는 소고기 육사시미와 연어 초밥 6피스, 그리고 카스 한 병을 주문했다. 크리스마스 즈음이어서 카스를 따라 크리스마스를 축하했다.

함평댁님은 "크리스마스도 축하하고 기분이 좋다야."라고 말씀하셨다. 동운정은 함평댁님의 최애 장소이다. 이곳은 11개 테이블이 있지만 점심 때는 웨이팅이 발생하므로 식탁에는 이런 문구가 쓰인 안내문이 있다. "이곳은 죄송하게도 2시간 이용 시간이 있습니다. 다른 분들도 이용하실 수 있도록 양해, 배려 부탁드립니다. 감사합니다."

웨이팅이 있는 가게, 35년이나 이어온 이 가게의 주인들은 젊다. 말하자면 추측건대 부모님의 가게를 이어받은 게 아닐까. 깔끔하고 여유로운 매너도 기분 좋아 돌아오는 길에 나의 15번째 책 '나의 감성을 깨우는 책 한 권의 힘'을 선물로 주었다. 두 번째 갔더니 그녀는 나를 기억하고는 "작가님 책, 이곳에 두고 날마다 조금씩 읽고 있어요."라고 말한다. 참 촉도 뛰어나고 멋진 주인이다. 젊으면서도 우아한 품격도 느껴지는 드문 인간형이다.

*꿀팁

맛집 체험단은 정말 많다. 날마다 수백 곳의 맛집들이 인플루언서들을 찾는다. 맛집은 하루에 두 곳은 조금 무리다. 양이 많은 곳이 대부분이기 때문이다. 효율이 떨어진다. 맛집 체험단을 신청할 때 다른 체험과 연계하면 체험이 풍성해진다. 4컷 사진을 찍고 골프 원데이 레슨을 받고 맛집 체험단으로 이동한다. 이후 근처 카페 체험을 하고 돌아온다. 이렇게 하면 하루에 4곳을 경험하면서 다양한 체험을 할 수 있게 규모 있는 체험단 신청을 할 수 있다.

수영장 가는 인플루언서

　광주 '프리다이빙 프렌즈'에서 체험단을 모집했다. 3명. 네이버 카페를 통해 예약하면 모임, 교육, 트레이닝에 거의 매일 참여 가능하다. 나는 물을 매우 싫어한다. 학교 다니면서 수영장에서 본격적으로 수영을 배웠는데 첫날, 참여한 스무 명 남짓, 거의 모두가 5분도 안 되어 물속에 들어가 힘을 빼는 데 성공했지만 나만 30분이 되어도 힘을 빼지 못했다. 결국 평형까지 배우다가 접영을 못 배우고 수영을 그만두었다. 수영하고 나면 배가 고파서 사람들은 매점으로 달려가지만 나는 입맛이 없었다. 살 빼는 데 도움이 될 만큼 수영은 나와 맞지 않았다. 그런 내가 체험단 목록에 '프리다이빙 원데이클래스'라는 문구에도 덥석 신청을 해버렸는데 또 덥석 당첨되어 버린 것이다. 신청란에는 이렇게 쓰여 있었다.

　'누구나 가능합니다. 수영을 못해도 가능합니다. 물 공포를 극복하는 데 도움이 됩니다. 자격증을 드립니다.'

　광주 프리다이빙 프렌즈 네이버 카페에 가입했다. 가입했더니 가입 인사, 10문 10답, 댓글 3개를 달라고 한다. '물뽕 1단계'가 되었다. 실명, 추천인, 취미, 언제 연습하고 싶은지 기타 등등 묻는 대로 답하고 나서야 네이버 카페 승인이 났다. 준비물은 세면도구, 수건, 수영복, 수모, 마스크, 스노클, 오리발, 수트 그리고 마지막으로 가장 중요한 것은? '자신감.' ^^

프리다이빙 센터에 도착했더니 다른 두 사람이 와 있다. 안전 교육을 2시간이나 받아야 했다. 물은 공기와는 달라 호흡하는 데 문제가 생기면 곧바로 생사가 갈리기 때문이다. 건강이 안 좋으면 프리다이빙을 할 수 없다. 감기에 걸려도 호흡 문제가 있어서 안 된다. 당뇨나 심장병 등 질병이 있으면 의사 소견이 필요했다.

프리다이빙은 수중에서 무호흡으로 하는 모든 활동을 의미한다. 프리다이빙은 수면 무호흡, 수평 잠영, 수직하강, 자유하강 등 다양한 형태가 있다. 한국에서는 2010년 최초로 시작되었다고 한다. 이론 수업을 해 준 강사는 처음에는 취미로 시작했다가 이제는 강사 자격증을 가지고 있다. 무호흡과 압력 평형을 배웠다. 밑으로 내려갈수록 압력이 심하므로 코를 잡아주면서 귀의 압력을 낮춰줘야 한다. 안 그러면 위험할 수도 있다. 이렇게 설명을 듣고도 실전에 들어가니 귀 압력을 낮추기 위해 코를 잡아주어야 한다는 사실을 잊어버려서 대단한 압력을 경험해야 했다. 압축 공기를 마시고도 급상승해서는 안 된다는 설명을 듣고도 5미터 아래로 내려가니 빠른 속도로 상승하는 나를 만났다.

"천천히 올라오세요. 빠른 속도로 올라오면 압력 때문에 귀가 아플 수 있습니다. 다시 한번 잠수할게요. 제가 수중에서 사진을 찍을 테니 천천히 움직이세요."

그는 수중카메라를 들고 물고기처럼 움직였다. 나는 5미터 바닥까지 내려갔다 수면 위로 올라가기 위해 헤엄쳤다. 멋진 인생 샷이 완성되었다. 순간의 예술.

스노클은 마우스피스로 물속으로는 스노클을 물고 들어가지 않는다. 스노클을 하고 고글을 한 뒤 수영을 하니 물밑이 너무 잘 보이면서 두려움이 한결 줄어드는 것을 느꼈다. 수트는 체온 유지, 부상 예방, 화상 방지를 위해 꼭 필요하다고 한다. 입을 때도 고무처럼 수축되어 있어서 물을 충분히 묻힌 다음 물속에서 수트를 입었다. 광주 남부대 수영장은 국제수영장이어서인지 매우 넓었다. 일반용도 있고 선수들을 위한 공간이 따로 준비되어 있었다. 풀장 이용료는 15,000원. 이 과정을 경험하면서 나는 나를 극복하는 체험을 했다. 5미터 깊이의 물은 내 마음을 불안하게 했다. 두세 번 '그만하고 싶다'는 마음이 올라왔다. 하지만 결국 끝까지 함께 마칠 수 있었다. 오전 11시부터 오후 3시까지 진행된 이 체험을 오래도록 잊지 못할 것 같다. 씻고 나와 한참을 운전하고 가는 와중에도 왼쪽 귀에 들어간 물이 나오지 않아 세상 소리가 제대로 들리지 않았다. 다른 세상을 경험하고 돌아가는 느낌이었다. 물속 세상이 제 세상인 평가관님 덕분에 인생 샷을 건진 것은 뿌듯하였다.

*꿀팁
프리다이빙도 자격증이 있다. 이 과정을 통해 30만 원 이상 드는 자격증을 획득하는 경험도 좋았다. 이 레슨은 2회 가능했는데 이를 통해 새로운 취미로 만드는 것도 좋겠다고 생각했다. 나에게 이론을

가르친 코치는 산후 우울증에 시달리다가 남편의 권유로 프리 다이빙을 시작했는데 몸도 마음도 건강해져서 본격적으로 배우기 시작했다고 한다. 그래서 이제는 코치 자격증도 있고 누군가를 가르치는 사람이 되었다. 다양한 단계가 있어 성장하는 기쁨도 커 보였다. 수영장에 가서 직접 체험해보니 놀라울 만큼 많은 사람들이 수영장에서 수영을 하거나 프리다이빙을 연습하고 있었다. 적극적인 선택이 나를 다른 세상으로 이끈다.

플라잉요가 하는 인플루언서

레뷰 체험단에 '연필라앤번지'가 올라왔다. 차분히 읽으니 '연 필라 앤 번지'였는데 한꺼번에 붙여 놓으니 무슨 말인지 알 수가 없다. 이곳은 광주 수완 지구에 위치하고 있고 필라테스와 플라잉요가, 번지 피트니스를 가르쳐준다. 시간표가 제시되었는데 월요일부터 토요일까지 빼곡했다. 나는 '플라잉요가'를 선택했다. 연 스튜디오라는 팻말이 붙은 곳으로 문을 열고 들어가니 신발장이 있다. 신발장 위에는 요가 선생님들의 자격증들이 올려져 있다. 주의 사항이 적힌 종이도 있다. '수업 할 때는 폰을 들고 들어가지 않습니다. 들어가더라도 무음으로요. 토 삭스(toe socks)를 착용해요. 수업 시간을 지켜요. 사물함을 이용해요.' 신발을 벗고 오른쪽으로 들어가니 큰 탁자가 있다. 탁자 옆에는 유리문 사이로 수업하는 모습이 보인다. 번지 피트니스일까. 가슴과 등을 연결한 로프가 천정과 연결되어 있다. 강사와 학생이 음악에 맞춰 율동을 한다. 로프의 탄력을 이용해 보다 역동적이다. '나도 저거 하고 싶다!'는 생각이 들었다. 수업을 마치고 나온 강사는 다른 강의실로 나를 안내한다. 플라잉요가실이다. 플라잉요가를 위해 천장에 커다란 천이 부착되어 있다. 내 허벅지쯤까지 내려와 있다. 이 천을 '해먹'이라고 불렀다. 이곳은 요가원인데 다양한 도구를 사용한다. 진화하는 중이다. 해먹 밑에 매트를 깔고 앉았다. 해먹 한가운데와 매트 중앙이 만나도록 놓는다. 매트 뒤쪽에 앉아 이마 앞에 해먹을 놓아둔다. "나마스떼~". 강사가 인사를 건넨다. 나와 수강생은 양쪽에 한 명씩이 더 있다.

"엉덩이 좌우로 왔다 갔다, 무릎 위에 손등 올리고 눈 감아 보세요. 코로 내쉽니다. 앉아 있는 양쪽 엉덩이 꼬리뼈부터 머리 위쪽으로, 천장으로 계속 길어지는 형상을 그려 보세요. 눈을 감은 상태로 양손 머리에 손깍지하고 손바닥 천장으로 기지개 켜고, 어깨는 바닥으로, 눈은 감았지만 내 몸이 흔들리지는 않는지 내 몸을 들여다봅니다…."

강사는 조용히, 차분한 목소리로 일정한 톤을 유지하며 안내한다. 우리는 눈을 감고 그 목소리를 따라간다. 천천히 말하지만 몸은 바쁘다. 이렇게 50분 동안 해먹을 다양하게 사용하면서 느릿하지만 동작의 연속을 통해 마음을 집중하면서 몸을 이완시키는 작업을 했는데 몸과 마음을 잇는 다리 역할을 해먹이 하는구나, 하는 생각이 들었다. 마지막으로는 해먹을 완전히 펼쳐 몸을 길게 반듯이 펴는 동작이었다.

플라잉요가는 생각했던 것보다 고요하면서도 온몸 근육을 사용하게 했다. 돌아와 다음 날까지 허벅지가 아팠을 정도로 근육을 활발하게 사용하게 하는 좋은 경험이었다.

*꿀팁

요가는 정靜과 동動이 동시에 이루어지는 매우 멋진 운동 같다. 몸과 마음, 정신을 동시에 돌볼 수 있는 요가를 적극 권한다. 이제는 요가도 진화하고 있다. 플라잉요가나 번지요가는 보기만 해도 기분이 좋아졌다. 단 그냥 요가가 아니라 플라잉요가나 번지요가는 몸을 많이 사용하기 때문에 처음에는 근육이 뭉칠 수도 있으니 주의가 필요하다.

사진관 가는 인플루언서

가장 젊은 순간, 가장 어린 순간, 가장 멋진 순간은 바로 '지금, 여기'라고 한다. 광주 수완지구 셀프 사진관에 함평댁님과 다녀왔다. 1940년 지구별에 도착하신 함평댁님은 새벽 6시면 일어나 하루를 시작하신다. 부지런하고 깔끔하다. 나이가 들면 음식을 요리해도 맛이 떨어진다고 하는데 함평댁님의 음식은 점점 더 맛나다. 건강하기 때문일 것이다. 오늘은 함평댁님의 인생 사진 한 컷을 남기고 싶다. 성공할 수 있을까?

'손영준 사진관', 지하 1층이다. 명함도 간판도 손글씨로 깔끔하게 쓰여 있다. '슬리퍼 신고 들어오세요'. 슬리퍼 공간 옆에는 사진이 들어 있는 작은 봉투들이 꽤 있다. 사진을 찍고 다시 찾으러 갈 경우 사진관 문이 닫혀 있을 때 난감할 텐데 이렇게 언제든 찾아갈 수 있으니 합리적으로 보였다. 사진관 실내는 다양한 소품들이 있다. 화장대 앞에 앉아 매무새를 다듬는다. 벽에 붙여 있는 문구를 읽는다. '여권 촬영 규격은 양쪽 눈썹 다 보이게, 무표정, 치아는 안 보이게, 컬러렌즈는 착용 금지, 안경 착용 금지, 얼굴 가리는 장신구는 금지입니다.' 공연 사진, 웨딩 사진, 돌 사진, 행사 사진 등 콜하면 언제든 달려갈 준비가 되어 있는 전문가였다. 뾰족구두가 많았다. 함평댁님께 한 켤레 권했다. 뾰족구두를 평생 한 번도 신어보지 못하셨을 함평댁님은 어색하게 걸으신다. 머리에 화환을 쓰고 두 손에 꽃을 들고 셀프 사진을 찍었다. 100컷 이상을 40분 가량 찍었는데 전신사진을 찍을 때는 셀프 사진이었지만 상반신 촬영은 전문가가 직접 찍었다. 사진 파일이 준비되자 바로 수정에 들어간다.

"제가 그냥 열심히만 일했는데요. 딸이 태어나고 나니 더 열심히 일하게 되더라고요. 이제는 안 하는 일 없이 다 합니다. 웨딩 사진도 찍으러 나가고요, 행사 사진도 부지런히 뛰어다니고 있습니다. 레뷰 신청도 그래서 하게 되었어요. 조금이라도 가게를 알려보려고요. 그런데 이렇게 다양한 인플루언서 분들을 만날 수 있어서 제가 더 많이 깨우치게 되더라고요."

이런저런 이야기를 나눴다. 딸이 태어나고 나서 더 열심히 일하게 되었다고 했다. 무엇이든 더 열심히 하게 되더란다. 딸이 삶을 다르게 보게 하는 반환점이 되었다는 말을 들으니 많은 생각이 들었다.

한 걸음 성장하는 데 필요한 마중물들이 있는데 그에게는 사랑스러운 딸의 등장이었구나. 여권 사진을 찍으러 온 손님이 있었고 나도 여권 사진을 찍었는데 함평댁님 사진도 찍어 준다. 넉넉한 그의 프로페셔널리즘에 감동한다. 우리의 추억이 이렇게 하나 더 생겼다. 여권 사진에 관한 포스팅을 한 편 더 해야 하는데 아직 빚졌다.

다른 사진관. 전남대학교 후문에 있다. 이곳은 놀랍게도 포토그래퍼가 아직 준비가 되지 않은 채 체험단에 참여한 듯한 느낌이 들었다.

'손영준' 사진관에서는 100컷 이상을 찍었고 그 사진 모두를 카카오 톡으로 보내주었다. 그런데 이 사진관은 8컷 정도 찍더니 다 찍었다고 말한다. 아, 깜짝 놀랐다. 하지만 물론 블로그 포스팅에 불편한 표현은 쓰지 않았다. 체험단을 활용하는 이유는 그곳을 알리고 싶은 마음에서 출발한다는 사실을 모르지 않기 때문이다. 하지만 어쩌면 그것은 누군가가 그곳을 방문했을 때 나와 같은 서운함을 느낄지도 모른다는 관점에서 바라본다면 옳지 않은 일인 것 같기도 하다.

얼마 전 어떤 체험단 인플루언서는 미용실에 갔다 돌아왔는데 너무 맘에 들지 않아 다른 미용실에 가서 몇십만 원을 주고 다시 했다고 말하면서 그렇다면 이 경우 손실을 보전받아야 되는 게 아니냐는 질문을 던지는 것을 읽은 적이 있다. 가끔 불친절한 태도로 체험단을 대하는 이들을 만나기도 한다. 준비되지 않은 상태라면 체험단을 신청하는 인플루언서도 체험단을 요청한 업체 측도 좀더 신중해야 하지 않을까 생각 들었다.

*꿀팁

 체험단 인플루언서가 되면 숙지할 것이 있다. 갑질을 하거나 갑질을 당해서는 안 된다는 것이다. 서로 예의를 갖춰야 한다. 체험단 인플루언서를 할 정도가 되면 파워 블로거라고 생각해도 좋다. 당당해야 한다. 인플루언서는 영향을 미치는 사람이라는 뜻이다. 그것도 선한 영향력을 미치는 사람들. 인플루언서의 품격을 유지해야 한다. 함부로 요구하지 말고 함부로 대해서도 안 된다. 체험 장소는 우리의 경험치를 상승시키는 장소가 되어야 한다. 간혹 불친절한 업주를 만날 때도 있지만 여유를 갖고 대해야 한다. 그의 인성에 상처받지 말자.

 내가 다녀온 사진관 중 한 곳은 아직 체험단을 신청할 준비가 안 되어 있었다. 세련된 매너를 요구하는 것은 아니지만 기본적인 조건을 갖춘 뒤에 신청해야 한다. 누구에게든 친절해야 한다. 특히 인플루언서들에게는 친절해야 한다. 그들이 블로그에 서평을 써서 자신들을 알리는 나팔수 역할을 할 것이기 때문이다.

안경점에 가는 인플루언서

 안경 체험단에 당첨되었다. 글라스 온 서방점이다. 서방점은 두 사람이 상주하고 있었다. 서방은 주변에 말바우 시장이 조성되어 있다. 매장을 둘러보며 전체적인 분위기를 찍었다. 시력 검사를 했고 맞는 안경을 골랐다. 인상적이었던 것은 내가 플라스틱 안경테를

골랐더니 "그 제품은 저렴하기도 할 뿐더러 인플루언서님에게는 어울리지 않습니다. 분위기로 보아 이것이 더 차분하고 우아해 보입니다."라고 말하면서 더 비싸면서도 산뜻한 안경을 제안했다. 안경 도수를 맞추기 위해 여러 번 실내를 걸어 다녔다. 이곳이 독특한 것은 고글이라 부르는 수영할 때 쓰는 안경의 도수를 그 자리에서 넣어준다는 점. 준비가 잘된 곳이었다. 기다리는 사이 매장 문을 열고 손님이 등장했다. 이 손님은 이 동네의 터줏대감이란다. 그는 격의 없이 웃으며 대화했다. 안경을 자주 부러뜨려 새 안경을 하러 오시곤 하는 분으로 이 동네에서는 그를 모르는 사람이 없다고 살짝 귀띔해 주기도 했다. 새로 맞춘 안경을 쓰고 운전하니 시야가 더 밝다. 하늘빛정원으로 돌아와 안경을 보여드리니 함평댁님도 새 안경이 필요하다고 말씀하신다. 내 안경을 써 보시고는 잘 보인다고 하신다. 하지만 다음 날 아침이 되자 "어제는 잘 보였는데 잘 안 보이더라. 내 것이 아니라서." 라고 말씀하신다.

그래서 다른 안경점을 레뷰 체험단에서 신청했다. 이번에는 광주 충장로점이었다. 알고 보니 이곳은 글라스 온 본점이라고 한다. 이 고장 내에서 안경점을 하는 동업자들을 모아 유통 마진 수수료도 낮추고 운영자 조합을 만들어 공동구매도 하면서 경쟁력을 높여보자는 취지로 만들었다고 한다. 결국 소비자에게 혜택이 돌아갈 테니 좋은 시스템 같았다. 대표는 함평댁님의 시력을 측정했다. 왼쪽은 양호하고 오른쪽은 더 안 좋으니 안과에 가서 시신경 시야 검사를 해 보는 것도 안구 건강에 좋을 수 있다는 제안을 해 주었다.

그림을 그리거나 성경이나 책 필사하기 위해서는 40센티나 60센티 거리가 잘 보이는 안경을 할 것인지 아니면 티비나 먼 풍경을 잘

볼 수 있도록 2미터가 잘 보이는 안경으로 할 것인지 선택하라고 제안했다. 다초점 안경은 어른의 경우 사용 방법을 익혀야 해서 조금 불편할 수도 있다고 안내했다. 새 안경을 낀 함평댁님은 매우 만족하신 표정이다. 대표님은 기다리는 동안 우롱차도 한 잔 큰 컵으로 함평댁님께 건네주신다. 안경테도 어르신들이 좋아할 만한 것을 선택해 건네준다. 가식이 아니라 몸에 밴 친절이어서 마음이 따뜻했다.

  이야기를 나누다 보니 글쓰기에 관심이 있고 책도 내고 싶다고 하여 이런저런 이야기를 나누게 되었다. 글쓰기 비법에 대한 몇 가지 조언을 해드렸다. 글쓰기는 배워야 하지만 첫 단계는 '일단 쓰는 것'이다. 내가 써봐야만 얼마나 힘든지, 어느 만큼 써야 하는지, 어떻게 방향을 잡아야 하는지 몸으로 느낄 수 있다. 이 느낌이 첫 글쓰기다. 이론만 배우면 결코 실력이 늘지 않는다. 글쓰기는 체험이다. 내가 체험한 것들이 글의 씨앗이 된다. 또한 그 체험들을 글로 내가 직접 써봐야만 나의 위치를 명확히 파악하고 방향을 잡을 수 있다. 대표님은 만족하셨는지 구매하려고 했던 블루라이트 안경을 선물로 주셨다. 레뷰 체험단 자체가 선물인데 말이다.

  *꿀팁
  안경점은 체인점의 경우 동시다발적으로 올라오는 경우가 있다. 그렇다고 선정 확률이 높은 것은 아니지만 나는 체인점의 경우 한 번에 한 곳을 신청했다. 동시에 신청해 동시에 두 곳이 선정되면 블로깅 상승효과가 떨어지기 때문이다. 그래서 나의 경우 두 곳이 선정되어 포스팅 마감일이 같다면 한 곳은 먼저, 다른 한 곳은 마감일에 근접해서 포스팅하는 편이다.

숙박하는 인플루언서

레뷰체험단을 통해 숙박도 할 수 있었다. 첫 숙박은 화순 도곡이었다. 도곡은 온천으로 유명하다. 우리가 숙박한 곳은 모텔이었는데 함평댁님은 차 한 대를 주차할 수 있고 바로 거주 공간으로 들어갈 수 있는 독립된 모텔이 너무 신기한지 "와, 참 좋은 세상이구나."를 여러 번 말씀하신다. 마침 가을 축제가 한창일 때였다. 우리는 화순 도곡 근처를 산책했다. 화순 고인돌 꽃 축제는 참으로 드넓은 공간에 펼쳐져 있었다. 국화와 코스모스를 원 없이 바라보면서 산책하고 사진을 찍었다. 음식 코너에 가서 식사도 했다. 홍시도 사고 딸기와 키위가 든 모찌도 먹었다. 레뷰 체험단이 아니었다면 함평댁님과 함께 이런 여행을 굳이 할 생각을 하지 못했을 것이다. 내가 늘 무언가를 하느라 바쁘기 때문이다.

*꿀팁

숙박도 층이 다양하다. 모텔, 호텔, 펜션 등이 있는데 이들의 수준도 다 다르다. 신청 할 때 안내된 문구와 사진을 꼼꼼히 들여다볼 필요가 있다. 체험단을 처음 했을 때는 사진만으로 혹했는데 지금은 찬찬히 들여다보고 선택한다. 사진과 실제 장소가 매우 큰 차이가 있는 곳도 있기 때문이다. 대개 이틀 전에 예약해야 한다. 금요일, 토요일은 예약을 받지 않는다. 일요일 오후는 가능하다. 말하자면 일요일 오후부터 목요일까지라고 생각하면 된다. 일요일 오후를 이용해 보았는데 여유롭고 좋았다.

한 번은 펜션 대표님이었는데 예약하려고 전화했더니 매우 퉁명스러웠다. 이유는 갑질하는 인플루언서들이 간혹 있어 스트레스를 많이 받는다는 것이다. 편의를 봐줄 대로 봐줘도 불평불만이 끊이지 않았다면서 그 서운함을 나에게 말했다. 나는 "죄송합니다. 그런 사람들이 간혹 있어서 불편하게 하죠!"라고 대신 사과했다. 그랬더니 불쾌함이 녹아졌는지 친절하게 응대해주었다. 누구에게도 절대 함부로 하지 말 것.

타자에게 친절하지 않다면 인플루언서가 되어서는 안 된다. 다른 인플들을 욕 먹이는 짓은 하지 말자. 인플루언서는 권세가 아니다. 경험을 통해 성장하지 않는다면 경험은 의미가 없다. 예약한 날 가서 전화와 메시지로 안내를 받았는데 어찌나 친절한지 감동받았다. 이렇게 친절한 성정을 지녔기 때문에 상처도 쉽게 받을 것이다. 친절하고 감사하자. 권리를 갖게 되었다면 친절과 감사는 인플루언서들의 의무이다.

새로운 세상이 열리다 (온라인을 통한 연계)

인공지능의 발달로 온라인을 통한 새로운 시대가 열리고 있다. 소셜 네트워크를 통한 지식 공유와 소통은 더욱 중요해지고 있다. 새로운 정보를 수용하고 다양한 의견과 경험을 공유하며 함께 발전할 수 있는 공간이 나는 블로그라고 생각한다. 블로그 안에는 다양한 관심사와 지식들이 넘쳐난다. 나는 블로그 이웃들을 통해 최첨

단 인공지능에 대한 존재를 알고 배운다. 챗GPT, 빙, 미드 저니, 바드 등에 관한 지식들이 블로그에는 넘쳐난다. 조금만 유연한 자세를 갖는다면 나와 상관없다고 생각했던 다양한 지식들을 습득할 수 있는 훌륭한 공부와 소통의 공간이 블로그다. 또한 온라인 세상에는 나이와 연령과 직업이 중요하지 않다. 나이나 연령보다는 공통된 관심사나 가치를 공유하는 커뮤니티가 더 중요하다. 이러한 커뮤니티는 동질감을 형성하고 다양한 연령층이 서로 소통하며 정보를 교환할 수 있는 기회가 제공된다. 블로그가 다양성을 존중하고 연결성을 강화하는 플랫폼으로 발전하는 중요한 이유이기도 하다. 세대 간의 갈등이 심화되고 있다고 한다. 하지만 블로그 같은 소셜 네트워크를 잘 활용한다면 세대 간의 이해와 소통을 증진시키고 갈등을 완화하는 데 큰 도움이 될 것이다. 서로 다른 세대 간의 경험과 관점을 공유하고 존중하는 분위기를 만들어 낼 수 있다.

점점 디지털화되는 세상이다. 세계는 점점 좁아지고 있다. 디지털 시대의 발전에 대응하지 못하면 정보, 기술, 경제, 사회적 측면에서 심각한 어려움을 겪을 수도 있다. 그러므로 끊임없는 학습과 적응이 필요하고 디지털 기술을 익히기 위해 노력해야 한다. 이른바 평생학습 시대가 도래했다. 지속적인 호기심과 학습 의지가 있어야 한다. 자신에게 필요한 지식을 적극적으로 탐색하고 다양한 온라인 강좌, 전자책 등을 활용해야 한다. 유튜브, 전문 웹사이트 들이 다양한 학습 자료를 제공한다. 관심 있는 온라인 커뮤니티에 참여해 경험과 지식을 기꺼이 공유한다. 평생학습을 위한 명확한 목표를 설정한다. 이 모든 것은 건강한 신체와 마음이 선행되어야 한다. 적절한 운동과 휴식으로 건강을 지속적으로 관리해야 한다. 나이 들수록 배워야 하는 시대가 되었다. 매일 조금씩이라도 새로운 것을 학습하는 습관을 들인다. 꾸준히 노력한다. 새로운 활동이나 경험을 즐긴다. 동료나 친구를 만들어 함께 공부하고 경험을 나눈다. 실패를 두려워하지 말고 긍정적인 마인드를 항상 유지한다. 나이와 상관없이 계속해서 학습하고 성장할 마음의 준비를 해야 한다.

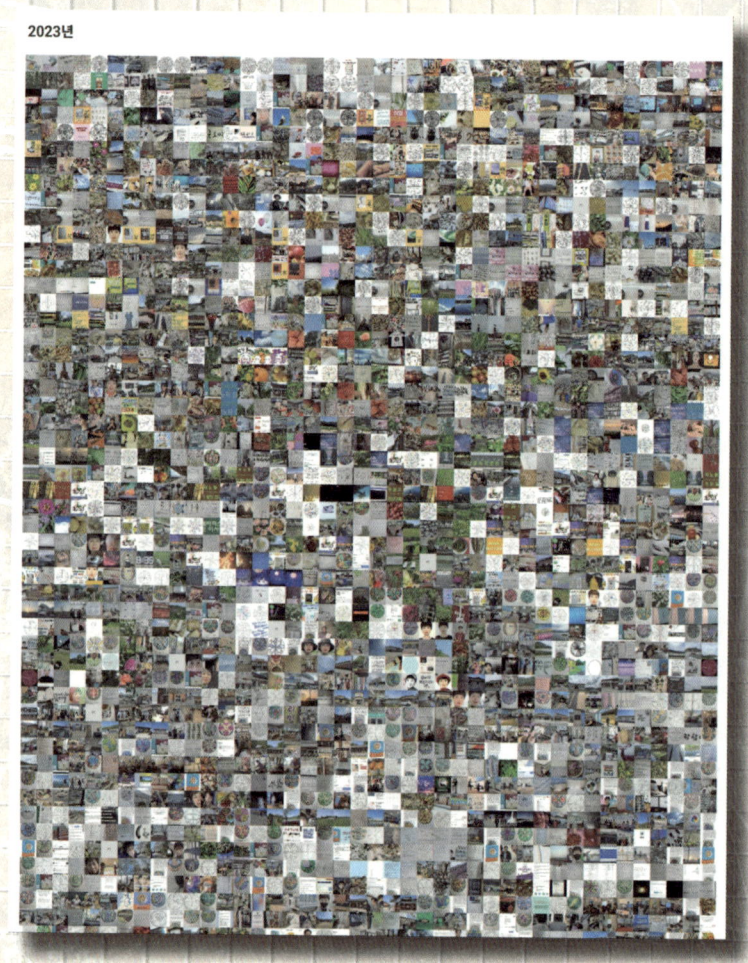

2023년 블로그 활동 사진들

06 블로그 세상에서 만난 서로 이웃들

거꾸로 생각하고 죽을 각오로 노력하라

―카토 지고로, 철학자

내가 만난 이웃들

　내 이웃들은 참 좋다. 참으로 다양한 층들이다. 층층만층 구만층이다. 먼저 내 이웃들의 첫,은 대화가 되는 이들이다. 날마다 인사를 나누는 이웃들이 있다. 한 분 한 분이 얼마나 대단한 우주인지 느낄 때가 많다. 살아온 만큼의 내공을 그대로 보여주는 분들이 있다. 글자 한 자 한 자 정성껏 읽고 차분히 차 한 잔 두고 담소하듯 이야기를 나누는 이들이 있다. 존경의 마음이 든다.

　나의 이면에 숨겨둔 불안을 잘 읽으시는 이들도 있다. 토닥토닥 엄마처럼, 아빠처럼 토닥여 준다. 내가 글 숲으로 들어와 살면서 아직도 해방되지 못한 물질적 부분에 대한 족쇄까지도 그들은 잘 알아차린다. 그리고 조용히 응원한다. 퇴직하고 제주에 자리 잡은 분도 있다. 그는 삼행시, 2행시, 5행시 등 다양한 아이디어로 나를 놀라게 한다. 또한 꾸준히 내 책을 읽고 길고 정성스러운 포스팅을 하시는 분도 있다.

　무의식의 글쓰기를 하며 시간이 지날수록 조금씩 눈에 보이는 정신적 성장을 하는 분도 있다. 날마다 특별한 담소를 나누지는 않지만 쉼 없이 왔다 갔다 하시면서 존재의 흔적을 남기시는 분도 있다.

40년 동안 교직에 계시다가 나와 세상을 더 깊게 살고 계시는 분도 있다. 미술관과 박물관 등을 꾸준히 포스팅하시는 이도 있다. 내가 본격적으로 블로그에 글을 올리기 시작한 후로 수백 편의 나의 글에 한 편도 빠짐없이 좋아요,를 누르고 응원하시는 분이다.

해외에서 한 달살기를 하면서 전자책으로 꾸준히 책을 읽는 분도 있다. 두바이 등 해외에서 근무한 적이 있는 젊은 이웃님은 최근에 전자책을 냈다. 얼마나 열심히 사는지 그 두근거림이 내게도 느껴질 정도이다.

도서 인플루언서이면서 서평단을 운영해 나를 지속적으로 격려하고 지지하는 분도 있다. 내가 도서 인플루언서가 되기를 기다리고 격려하는 모습에 감동할 때가 있다. 꾸준히 도서 포스팅을 하는 이웃들이 많다. 세상 돌아가는 일과 책을 연결해서 글을 쓰는 이웃도 있다. 날마다 무언가를 하나씩 플러스하는 분도 있고 공무원이면서 꾸준히 독서와 일상을 올리는 분도 있다. 경제 전문 포스팅을 하면서 내가 올리는 서평을 읽고 난 뒤 그 책을 구매해 일독하시는 분도 있다.

카페나 맛집을 참으로 맛나고 멋스럽게 포스팅하는 분도 있다. 이제 막 책에 대한 관심을 갖기 시작한 분도 있다. 이렇게 참으로 많은 이웃들을 만나 나는 날마다 성장하고 있다.

블로그라는 공간은 참으로 광활하다. 이 공간을 선택할 것인가 말 것인가는 나의 결정이겠지만 일단 블로그를 선택해 보기를 권한다. 취미가 있는 사람의 삶은 재미지다. 하지만 아무런 취미가 없는 사람의 삶은 무료하다. 오늘과 어제가 다르지 않는 삶보다는 나의 일상의 깨알 같은 재미들을 함께 공유할 수 있는 이웃들을 쉽게 찾아낼 수 있는 블로그라는 공간이야말로 앞으로 우리의 삶을 윤택하게 만들 수 있는 멋진 윤활유가 될 것이다.

이웃의 자격

블로그의 이웃은 서로 간의 관심과 소통을 바탕으로 형성된다. 이웃이 되기 위한 특별한 자격은 필요하지 않지만 서로의 관계를 유지하고 동반 성장하기 위해서는 몇 가지 고려하면 좋은 요소들이 있다. 먼저 관심 분야나 주제가 비슷하면 공감의 영역이 넓기 때문에 쉽게 친한 이웃이 될 수 있다. 일단 이웃이 되면 적극적으로 참여하고 소통해야 한다. 인사나 공감 댓글, 혹은 피드백까지 줄 수 있다면 더욱 좋은 관계가 형성된다.

상대 블로거와 그의 생각을 존중하고 예의를 갖출 필요가 있다. 간혹 나의 의견이 일치하지 않더라도 부적절한 행동이나 의견 피력은 피하는 게 좋다. 나는 활발한 블로그 활동으로 다양한 콘텐츠를 제공해 이웃들과 소통할 수 있는 플랫폼을 제공할 수 있어야 한다. 비슷한 성향과 관심 분야를 가지고 있다면, 이웃들과 콘텐츠를 공유하거나 협업 기회를 적극적으로 찾아낼 수 있다면, 서로 유익하고 지속적인 관계 형성에 도움이 될 것이다.

다양한 이웃들의 성격

블로그 이웃들은 참으로 다양한 성격을 지닌 사람들로 구성되어 있다. 항상 새로운 지식을 탐구하고자 하는 이웃들은 다양한 주제를 깊이 있게 알아가는 것에 즐거움을 느낀다. 이를 지식추구자라고 하자. 사교적인 소통가의 경우에는 댓글이나 소셜 미디어를 통해 적극적으로 소통하고 친밀한 관계를 형성하는 것을 즐긴다.

또한 색다른 시각과 창의적인 아이디어로 다양한 주제를 체계적으로 다루는 블로거들이 있다. 이들은 스스로 독특한 주제의 콘텐츠를 만들어내는 데 흥미를 느낀다. 도움주기에 관심 있는 블로거들은 자신이 가진 지식으로 이웃들에게 조언이나 실질적인 도움을 주는 것을 즐기고 커뮤니티 내에서 상호 간 협력을 중요하게 생각한다.

감정을 솔직하게 표현하고 자신의 감정과 경험을 공유하는 데 중점을 두는 블로거들도 있다. 또한 주제에 대한 심층적 분석과 비평을 통해 이웃들에게 깊이 있는 정보를 제공하고자 하는 비판적인 분석가형도 만날 수 있다. 대개 젊은 블로거들은 자기 계발 추구자들이 많아 보인다. 블로그를 자기 계발의 일환으로 생각하고 경험을 공유하며 다양한 관점에서 성장하려는 의지를 가지고 있다.

소소한 일상을 즐기는 이웃들도 많다. 일상의 소소한 사건들을 기록하고 가벼운 분위기의 콘텐츠를 즐기면서 이웃들과의 친밀한 느낌을 소중히 생각하는 유형들도 많다. 다양한 플랫폼을 활용해 다양한 수익을 추구하는 유형 등 블로그 이웃들은 용광로처럼 온갖 부류의 유형들이 자유롭고 다양하게 존재하는 플랫폼이다.

바람 같은 이웃과 찰떡 같은 이웃

5,000명의 '서로 이웃'이 있으면 이들은 하루에 얼마나 교류할 수 있을까? 5,000이라는 숫자는 어떻게 보면 허상이다. 기껏 '서로 이웃'을 신청해 놓고 한 번도 인사를 나누지 않는 이웃들도 있다. 그래서 바람 같은 이웃은 언제 이웃 신청을 했는지 알지도 못하고 있는지 없는지도 모를 정도다.

하지만 찰떡 같은 이웃은 지속적으로 댓글이나 피드백을 주고받으며 소통을 이어간다. 찰떡 같은 이웃은 대개 공통의 관심사나 주제에 대해 긍정적으로 반응하고 공감한다. 하지만 나와 너무 동떨어진 관심사를 지닌 이웃에게는 일시적인 관심이나 호응 정도밖에는 반응을 보일 수 없는 한계가 있다. 찰떡 같은 이웃은 서로의 블로그나 프로젝트에 적극적인 관심을 보이고 참여한다. 하지만 바람 같은 이웃은 일회성에 가까워 지속적인 지지와 협력이 불가능하다.

초록은 동색이다

　초록은 동색이어서 비슷한 부류끼리 관계가 강화되는 것은 지극히 당연하다. 공통의 관심사나 주제를 바탕으로 공동 프로젝트에 참여, 협력해 새로운 콘텐츠를 만들어 낼 수 있다. 서로의 포스팅에 적극적으로 리뷰하고 피드백을 주고받음으로써 블로그의 퀄리티가 높아지고 서로의 성장을 도울 수 있다.

　공통의 관심사가 있다면 함께 이벤트를 기획하고 참여자들을 모아 콜라보레이션 이벤트를 할 수 있다. 공동 블로그 이벤트, 주제별 콘텐츠 시리즈, 퀴즈 이벤트, 콘텐츠 공모전 등 다양한 활동들이 가능하다. 상호 블로그에서 링크를 공유하며 이웃들 간의 교류를 활성화할 수 있다. 상호 블로그 홍보로 독자들을 유입시키는 것도 가능하다. 함께 성장할 수 있는 다양한 기회를 만들 수 있는 곳, 블로그로 초대한다.

　이 책을 쓰면서도 많은 것들을 배웠다. 초록은 동색이라, 지금 나의 블로그는 책과 영어 회화가 공존한다. 괜찮을 거라 생각했는데 집중도가 다르다고 요즘 느끼고 있다. 그래서 블로그를 하나 더 개설하기로 했다. 지금 블로그 제목이 '블로노트책방'이니 '예스이지 영어 회화'를 옮기는 게 나을까 생각했지만 요즘 올리는 주된 포스팅이 영어 회화이므로 영어 회화를 놓아두고 책방을 한 곳 더 열기로 했다. 결론적으로 말하면 나의 블로그 직장이 더 늘어난 셈이다.
　이는 성장의 징후가 아닐까. 블로그 한 곳에서도 끙끙대더니 이제는 블로그 주소를 하나 더 만들어야겠다는 생각을 하다니 내가 생각해도 나 자신이 기특하다. 내가 간절히 바라는 것을 얻으려면 내가 그 '환경' 속으로 들어가야 된다는 문장을 읽었다. 고개가 끄덕여진다. 내가 원하고 바라는 것이 있다면 그 '환경'을 만들고 그 '환경' 속으로 들어가고 그 '환경'을 적극적으로 개선하려고 노력해야 한다. '간절히' 바라는 것은 그 반대의 것도 끌어들인다고 누군가 말한다. 그러므로 '간절히'가 아니라 '당연히'로 바꿔야 한다고. 그 말도 옳다.

러시아의 과학자 바딤 젤란드가 말했다. '당연히 그것을 내가 가질 것이라고 믿어라.' 그리고 옮겨가라. '리얼리티 트랜서핑'의 순간은 내가 만든다. 지금, 여기에서.

이웃은 나의 가족이며 스승이다

블로그는 나이와 성별을 따지지 않는다. 모두 동등한 이웃이다. 그래서 이곳은 나이가 많다고 가르치려 들지 않으며 나이가 적다고 나의 권리를 침해당하지 않는다. 이웃의 블로그는 나를 가르치는 스승이다. 내 관심 분야가 아닌 다양한 콘텐츠들이 날마다 무성하게 양산되고 있다. 공부하지 않으면, 알지 못하면 포스팅을 할 수 없는 풍성한 내용이 날마다 업로드되고 있다.

우리가 궁금해하는 거의 모든 것들이 블로그 안에 있을 가능성이 높다. 인공지능의 최신 트렌드를 알고 싶어 검색하면 누군가의 블로그에 도착한다. 다른 고장으로 여행 갈 때 '맛집'이나 '카페'나 '숙소'를 검색하면 시간이 없어 볼 수 없을 만큼 다양한 정보들이 쏟아진다. 또한 서로에게 영감을 주고받으며 날마다 서로를 통해 배우는 블로그라는 커뮤니티에서 소중한 관계를 구축할 수 있다는 것은 참으로 놀랄 만한 일이다.

나는 블로그에 입성해 귀한 영혼들을 많이 만났다. 힘이 되는 말 한마디, 긍정의 확언, 격려, 잘 할 수 있다는 믿음, 나의 책들을 일부러 서점에서 구매해 정성껏 읽고 서평하는 마음, 내일에 대한 기대, 잘 하고 있다는 무언의 신뢰 등을 나에게 주는 이들을 많이 만났다. 그들의 이름을 크게 외치고 싶다. 하지만 외향이 아닌 내성적 성정을 지닌 영혼들에게 폐가 될까 봐 공개적으로 논하지는 않으려고 한다. 하지만 내가 이 과정을 지나 조금 더 힘이 커졌을 때는 기꺼이 나를 성장시킨 영혼들의 이름을 한 분 한 분 다 양해를 구해가며 소리 내어 발화하고 싶다.

07 SNS를 결합한 수익화 도전기

성공은 누가 나에게 주는 것이 아니라 내가 스스로 생각해
만드는 것이다
-스티브 포레스트, 비즈니스 마그넷

애드포스트 도전 결과와 느낌

 이웃들의 블로그에 들어가 글을 읽다 보면 글과 글 사이에 광고가 끼어들어 있었다. 처음에는 그냥 넘겼는데 나의 블로그와 비교해 보니 나는 광고가 없었다. 이게 무엇일까 궁금해서 알아보기 시작했다. 이를 '애드(advertisement: 광고의 약자) 포스트'라고 한다는 사실도 알게 되었다. 애드포스트는 일정한 자격이 주어지면 네이버에 신청할 수 있었다.
 신청 조건을 알아보았더니 첫째, 개설한 지 90일 이상이 지나야 하고, 둘째, 포스팅이 50개가 넘어야 하며 셋째, 최근 일일 평균 방문자가 100명이 넘어야 한다는 등의 조건이 있었다. 나는 나의 블로그에 올려진 포스팅들을 점검했다. 평균 방문자가 100명이 넘으려면 최소한 3,000명 정도의 이웃은 있어야겠다는 생각이 들었다.

 5월에 시작할 때 나의 이웃은 500명 정도였다. 그 상황에서 3,000명의 이웃을 만든다는 건 상상하기 힘든 숫자였다. 하지만 일단 목표를 정하고 나자 어떻게 해야 할지 방법을 고민하기 시작했다. 부지런히 이웃들의 블로그에 들어가 답글을 달면서 '서로 이웃'을 신청했다. 더디지만 조금씩 이웃들의 숫자가 늘기 시작했다. 댓글의 양도 많아졌다. 그렇게 3,000명에 도달하자 나는 이웃 신청을 멈췄다. 내게 '서로 이웃'을 신청한 숫자가 30명이 넘어가면 그제서야 승인했다. 이렇게 이웃이 3,000명이 넘어가자 평균 방문자가 일정하게 100명이 넘었고 그래서 나도 애드포스트를 신청했다. 몇 번에 걸쳐 '보류'되면 다시 신청하기를 반복한 뒤에 '애드포스트' 승인을 받을 수 있었다. 승인되자 내 블로그의 글에도 배너 광고가 개제되었다.

어떤 이웃은 자신만의 일기처럼 편안하게 글을 쓰기 때문에 광고가 글 사이에 끼어드는 것이 싫어 애드포스트 신청을 하지 않는다고 말한다. 하지만 나의 경우는 수익화가 절실하다. 블로그는 나의 직장이므로 내 직장에서 월급이 나와야 하기 때문이다. ^^

나는 배너광고가 개재되자 아침 편지 등을 통해 이 소식을 주변에 알렸다. "물건을 살 때 제 블로그 글을 읽으시다가 광고가 뜨면 그곳을 클릭해 들어가 구매를 해주세요. 그러면 저에게 도움이 됩니다." 반복해서 부탁했더니 조금씩 습관을 들이는 구독자들이 생겼다. 몇 개월 경험해 보니 애드포스트 수익이 그다지 크지는 않았다. 하지만 꾸준히 하다 보면 쌓이는 게 분명히 있게 마련이다.

애드포스트 수익을 극대화하는 블로거들은 수백만 원의 이익을 얻기도 한다고 들었다. 맛집 포스팅을 하는 이웃의 포스팅을 들여다보니 예를 들어 '낙지'에 대한 포스팅을 하면 '낙지'를 구매하라는 쿠팡이나 다른 광고들이 뜬다. 이 광고를 클릭하고 들어가 누군가가 구매를 하게 되면 그 블로그 주인에게 일정 금액의 이익이 지급되는 시스템이다.

나의 경우 책을 대부분 포스팅하기 때문에 책에 관련된 판매 사이트와 연결된다. 그러면 그 사이트에서 검색창에 내가 원하는 물건을 적은 뒤 클릭해서 구매하곤 한다. 펜션을 운영하는 두 분의 지인은 나의 블로그에 들어와 온라인 구매를 하곤 한다. 이제는 습관이 되었다고 한다. 누군가가 나를 돌본다. 나는 누군가를 돌본다. 세상은 서로 연결되어 있다.

도서 인플루언서 도전하는 중

나는 도서 전문 블로거이기도 하다. 5월부터 지금까지 200여 권의 책을 포스팅했다. 5개월 동안은 거의 1일 1책을 읽고 서평을 썼다. 지난 15년간 부지런히 책 숲에서 살았다. 블로그를 직장으로 생각하게 되자 나는 블로그에서 근무하게 되었다.

블로그에서 글을 쓰지 않을 때에도 나는 종일 책상 앞에 있었다. 하지만 블로그를 내 직장이라고 생각하게 되자 나의 책상은 블로그 안에서 운용되었다. 겉으로 보아 수익을 아직 발생시키지 못하는 블로그 안으로 들어가 온종일 사는 나를 보는 사람들은 내가 이상할 수도 있을 것 같다. 나도 가끔 내가 이상하다. 나는 가치 지향인이지 수익 지향인이 아니다. 하지만 수익 지향인이 아니다 보니 삶이 얼크러져 버렸다.

예전 영어학원 할 때 누렸던 물질적인 풍요로움과는 다른 세상에서 살면서도 나는 희망을 버리지 않는다. 책을 통해 무언가를 할 수 있으리라는 믿음 말이다. 네이버에는 인플루언서 제도가 있다. 초기에 인플루언서 제도를 시작했을 때는 신청하면 대부분 인플루언서가 되었다고 한다. 하지만 주제별로 인플루언서들이 꾸준히 생기다 보니 이제는 인플루언서가 되기가 쉽지 않다고 한다.

 인플루언서가 되면 애드포스트의 배너광고보다 클릭당 단가가 4배에서 10배가 더 비싼 프리미어 배너광고가 붙는 등 다양한 장점이 있기 때문에 인플루언서가 되려고 블로거들은 노력한다. 인플루언서(이후 인플)가 되면 자신만의 인플루언서 홈을 가질 수가 있고 홈에도 애드포스트 배너광고가 적용된다. 애드포스트만으로도 수백만 원의 수익을 얻는 경우도 있다고 한다. 한 달에 한 번씩 신청할 수 있다.

 나는 1일 1책 포스팅을 하면서 꾸준히 책 서평을 하고 있다. 기존 도서 인플들의 블로그에 가서 어떻게 포스팅을 하는지 벤치마킹하면서 꾸준히 업그레이드하고 있다. 내용보다는 디자인의 문제에 대해 고민하고 있다. 일주일이나 한 달 동안 유명한 베스트셀러를 알려주거나 시선을 끌기 위한 문장 만들기에도 신경을 쓴다. 그런데 요즘 고민이 생겼다. 유투브로 '예스이지 영어 회화'를 론칭하기 시작하면서부터 블로그로 연결해 디테일한 내용들을 설명하고 있는데 반응이 좋다 보니 영어 회화로 관심이 옮겨가고 있기 때문이다.

 나의 삶의 두 단어는 '책'과 '영어'이다. 이 둘을 잘 조화시키고 블로그를 잘 활용해서 훌륭한 소통의 창구로 만들 계획이다. 어쩌면 늘 그렇듯이 위기는 기회 요인을 품고 있다. 두 개의 키포인트를 효율적으로 활용하는 게 내 몫이다. 책 서평으로 시작해 도서 인플을 생각하다가 이제는 어학 인플로 진화하고 있다. 생각하는 만큼 세상을 경험할 수 있다. 생각을 바꾸는 연습, 날마다 나의 생각을 다시 '생각'하는 연습이 필요하다. 제2의 천성, 습관.

예스이지 영어 회화 론칭

어떻게 수익을 창출할 수 있을까 고민한다. 그러다가 '영문법'을 론칭하면 어떨까하는 생각이 들었다. '클래스101'이라는 플랫폼이 있다. 블로그와 유투브 등을 공부하기 위해 여기저기 들여다보다가 만나게 된 클래스101은 다양한 수업들이 있었다. '이모티콘 만들기', '블로그에서 수익 창출하기', '인스타그램 사진 업그레이드 하기', '유투브에서 살아남기' 등 많은 수업이 거기에 론칭되어 있었다.

그래서 나의 경우는 '글쓰기 강좌' 또는 '영어 회화' 또는 '영문법' 등의 강의가 적격이라는 사실을 깨달았다. '클래스101'에 영문법을 론칭하기 위해 20개의 강의안을 만들었다. 각 강의 안마다 단계를 나눠 단어와 문법, 문장 등 다양한 내용을 정리했다. 그러다가 '아, 유투브를 통해 나를 알려야겠구나, 그래서 유투브를 통해 충분한 수요를 창출한 다음에 클래스101에 영문법 수업을 론칭해야겠구나'라는 생각에 도달했다.

그래서 유투브에서 1분짜리 쇼츠를 만들어내기 시작했다. 쇼츠를 만든 다음 부지런히 다양한 SNS에 배달했다. 페이스북은 반응이 더뎠고 밴드와 카카오톡은 반응이 좋았다. 한꺼번에 수천 명이 들어와 듣지는 않지만 조금씩 구독자가 늘고 있다. 유투브에서 수익을 창출하고 팬과 소통하고 지원 포럼과 크리에이터 도구 이용 권한을 얻으려면 조건이 있다. 첫째, 500명 구독자가 있어야 한다. 둘째,

동영상 업로드가 지난 90일 기준으로 3개 이상은 되어야 한다. 셋째, 3,000시간을 넘겨야 한다.

쇼츠는 지난 90일 기준으로 300만 클릭 횟수가 되어야만 공식적으로 유료화가 가능해진다. 좀더 업그레이드해 동영상에 광고를 게재하는 옵션을 비롯해 더 많은 수익 창출 방법을 활용하려면 구독자 1,000명, 유투브의 경우는 4,000시간, 쇼츠는 1,000만 조회 수를 기록해야 한다.

유투브를 공부해 보니 대부분 1만 구독자가 넘어가는 경우, 날마다 빠지지 않고 1편 정도의 동영상을 만들면서 어느 순간 유투브 알고리즘에 의해 한 개의 동영상이 상위에 링크되기 시작하면 폭발적인 조회 수와 함께 기존의 다른 동영상들도 동반 상승하기 시작한다고 조언한다. 그러므로 지금 나는 더디더라도 날마다 한 편씩 동영상을 만들어내면서 기회를 기다린다.

지금 나는 1분 쇼츠로 날마다 한 편씩 영상을 만들어 '하루 3마디'를 공부하는 예스이지쌤이다. 예스이지쌤은 그날 배울 표현을 선택한 다음, 3문장을 골라 이 둘을 연결시켜 하나의 문장을 만들어내는 연습을 한다. 영어를 못한다고 생각하는 것은 영어에 대한 좋지 않은 과거 경험 때문이다. 이제는 뛰어난 번역기가 있어 번역기를 가지고 다니면 되지 않느냐고 말하지만 내가 직접 언어로 소통할 수 있다면 번역기에 비할 바가 아닐 것이다.

많은 사람들이 영어에 대한 울렁증과 두려움을 가지고 있다. 이를 해소하기 위해서는 '영어는 재밌다', '영어는 쉽다'라는 선 경험이 필요하다. 자꾸 부딪쳐보면서 영어에 대한 울렁증을 줄여나가면서 실수를 즐기게 되면 회화는 곧 가능해진다. 눈으로는 잘 알지만 내 입으로는 나오지 않는다. 이 관문을 잘 뚫기만 하면 영어는 참으로 재미있는 놀이도구가 될 수 있다.

60분 낭독하기 론칭 (유튜브과 블로그)

유투버가 된다는 것은 설레는 일이다. 누구나 유투버가 될 수 있지만 독특하고 참신한 소재가 아니면 눈길을 끌지 못한다. 내가 가진 재능은 무엇일까 늘 고민한다. 나는 '책 읽어주는 여자'이므로 책을 읽어줘야겠다고 생각하고 시를 조금씩 읽어 올리기 시작했다. 꾸준히 한 사람씩 구독 신청을 했다. 현재 구독자 수는 583명이다. 전체 15만 조회 수를 기록하고 있다. 쇼츠 중에서 가장 많이 노출된 횟수는 4천4백 회다. 동영상으로는 최고 1천9백 회인데 7년 전 유투브에 동영상을 올리는 작업을 시작했을 때부터 꾸준히 했다면 지금과는 다른 결과물을 가지고 있을 것이다. 하지만 하다가 중간에 그만두는 과정을 반복했으므로 늘 답보 상태였다.

그러다 7개월 전부터 날마다 시를 한 편씩 낭독하기 시작했다. 조회 수는 20회에서 200회 정도를 유지했다. 그러다가 '예스이지 영어 회화'를 론칭하기로 결정한 뒤로 날마다 쇼츠 1분 영상을 올리고 오디오북으로 1시간을 기준으로 낭독을 시작했다. 3분에서 10분 정도의 영상을 올리다가 40분에서 70분까지 긴 낭독을 하려면 목소리를 잘 조절해야만 했다. 처음에는 마이크 없이 그냥 녹음해 올렸다. 어느 날 한 구독자가 "마이크를 쓰면 잡음이 더 적어지니 듣기에 좋을 것 같다"고 조언을 해 주었다. 바로 마이크를 구매해 사용하기 시작했다. 그랬더니 목소리는 증폭되고 잡음은 적어져서 운전할 때 블루투스로 연결해 듣고 다녀도 편안하게 들렸다.

한 달 동안 집중하니 기존과는 달리 속도감이 나기 시작했다. 430명 정도에서 답보 상태였고 구독을 요청해야 겨우 한 사람씩 들어오던 구독자들이 자발적으로 진입하고 있다. 쇼츠를 통해 영어회화 공부를 하기 시작한 구독자들이 반복해 연습하기 위해 진입하고 자발적으로 구독자들이 늘고 있으니 희망적이다. 유투브를 통해 소위 대박 난 유투버들은 한결같이 말한다. 성실하게 하루에 한 편씩은 올릴 것. 그러다가 유투브가 지향하는 알고리즘과 일치하는 동영상 하나만 대박 나게 되면 다른 동영상들도 동반해서 클릭 수가 대폭 늘어가게 되며 그것이 바로 수익으로 연결된다고 조언한다.

유투브는 누구나 할 수 있다. 어떤 소재라도 상관없다. 예전처럼 TV를 보는 세대들보다 아마도 유투브를 통해 정보를 습득하고 공부하고 드라마들을 시간과 상관없이 선택해서 보는 세대들이 더 많아지고 있다. 유투브는 '1인 방송국'이다. 글로벌한 세상에서 세계 어디로든 이렇게 쉽게 송출되는 방송이 어디 있겠는가? 어떻게 하면 효율적으로 활용할 수 있을지 늘 고민해야 한다.

클래스101과 같은 플랫폼을 통해 참으로 많은 유투버들이 수익을 창출할 수 있음을 자신 있게 안내한다. 하지만 들어 보면 대부분

'자신만의 경험'인 경우가 많다. 결국 내가 스스로 부딪히면서 나만의 방법, 노하우를 찾아가야만 한다. 그리고 누군가는 찾아낸다. 그러므로 나 또한 날마다 조금씩 하나하나 비법을 찾아가고 있다. 관심을 가지면 보이게 되어 있다. 이전에는 보이지 않았던 것들이 하나씩 안개 속에서 모습을 드러낼 때마다 참으로 반갑다. 대부분 꾸준히 하는 게 가장 어렵다고 말한다. 내가 가진 가장 큰 재산은 성실함이다. 일단 시작하면 목적지에 도달하기 위해 주저함 없이 갈 수 있는 힘이 있다. 곧 도착할 것을 믿는다. 유튜브가 수익을 내기 시작하는 순간이 멀지 않았다. 쇼츠를 만드는 것은 협업해야 한다. 카메라로 동영상을 찍은 다음 말 한 마디 한 마디를 전부 화면에 심어야 한다. 이 세심한 작업은 협업이 필요하다.

낭독편집의 경우는 '블로VLLO'를 사용한다. 물고기 모양의 엠블럼을 가진 블로는 스마트폰으로 편집이 가능하다. 그래서 나는 블로로 편집한 다음 PC로 들어가 썸네일을 넣는다. 처음에는 PC로 동영상 올리는 작업을 했는데 시간이 너무 많이 걸렸다. 그래서 블로로 작업한 뒤 스마트폰으로 바로 영상을 로딩한 뒤에 썸네일만 PC로 편집하면 완성된다. 시간을 절약할 수 있다.

유튜브를 하는 것은 방송할 소재도 중요하지만 그것을 어떻게 편집하느냐도 매우 중요하다. 그래서 다양한 것들을 동시에 다룰 수 있어야 한다. 컴퓨터를 다루는데, 혹은 기계를 다루는데 서툰 나의 경우에는 다른 사람들보다 몇 배의 시간이 걸린다. 하지만 무엇이든 처음은 어렵고 하다 보면 쉬워진다. 세상 모든 일의 이치가 그런 것 같다. 하지만 대부분 미리 겁을 먹고 두려워 시작도 하지 못한다. 이제는 세상이 바뀌었다. 무엇이든 과감히 배우려고 해야 한다.

100세 시대가 되었다. 여자가 90세, 남자가 86.3세가 평균 연령이라고 한다. 그렇다면 이제는 60세도, 70세도 경제활동 인구에 포함되어야 한다. 60세도, 70세도 매우 건강하다. 어떤 일이든 다시 시작할 수 있는 나이이다. 키오스크가 온 세상을 차지하고 있다. 휴게소에서 내려 군밤을 사 먹으려고 해도 우리는 키오스크를 통과해야 하고 영화관에서 티켓팅을 할 때도 이제는 직원에게 가서 긴 줄을 기다리는 게 아니라 키오스크 앞에서 아주 쉽게 카드로 티켓팅이 가능하다. 평생학습 시대다. 배우는 것을 두려워하거나 불편해하면 아무것도 할 수 없다. 무엇이든 내 눈앞에 오는 것들을 배워야겠다고 생각하면 곧 배움은 가능해진다. 나 또한 기계치여서 남들보다 몇 배 더 노력해야 하지만 일단 그것에 익숙해지면 그것은 나의 손과 발, 그리고 뇌의 연장으로서 나의 훌륭한 보조 수단이 되어 준다.

그렇게 나는 블로를 배워서 동영상을 만들게 되었다. 블로를 처음 배울 때가 생각난다. 지인이 블로를 가르치는 단기수업을 진행한다고 연락을 주었다. 그래서 광주까지 가서 어른들 틈에 끼어서 하나하나 배웠다. 처음 배우는 블로는 역시 쉽지 않고 버벅대었다. 무슨 말인지 알아듣기도 힘들고 설명을 따라하기도 힘들었다. 2시간을 배우고 와서 혼자서 실습하는데 또 어떻게 해야 할지 알 수 없었다. 그래서 블로를 가르쳐준 선생님에게 수시로 연락해서 질문했다. 아주 조금씩 블로가 내 손에 익기 시작했다. 처음에는 소리를 어떻게 삭제할 수 있는지, 어떻게 키울 수 있는지, 복제를 어떻게 하는

지, 녹음을 잘못했을 때 소리를 어떻게 잘라야 하는지, 글자를 삽입할 때 어떻게 해야 하는지 도대체 알 수가 없었다. 하지만 끙끙대면서 찰싹 붙어 떨어지지 않고 집중하자 조금씩 실수를 통해 실력을 키워낼 수 있었다. 그래서 지금은 블로를 알려주고 수업료를 받기도 한다.

유투브로 낭독 한 편을 완성하고 나면 이대로 놓아두어서는 안 된다. 적극적으로 구독자들에게 배달해야 한다. 카카오톡, 밴드, 페이스북, 카카오스토리에 링크해 부지런히 배달한다. 배달하고 나면 반응 또한 각양각색이다. 새로운 공부의 일환으로 받아들이고 적극적으로 배우려고 하는 이들이 많지만 간혹 날마다 배달되는 양이 며칠 체크하지 않으면 점점 쌓이기 때문에 이 자체를 스트레스로 받아들이는 이도 있다. 공부에 대한 나의 자세는 세상을 향한 나의 자세와 다르지 않다. 유투브를 분석해보니 나의 구독자들은 대부분 40대 이상이었다. 대한민국은 현재 65세 이상 인구가 1,000만에 육박하고 있다. 말하자면 어떤 의미에서는 65세 이상이 새로운 학습을 적극적으로 받아들여야만 하는 시대이기도 하다. 20대와 30대는 적극적으로 시대의 흐름에 편승해 갈뿐더러 앞서가려고 하는 욕망을 갖고 있기도 하다. 하지만 50대가 넘어서면 대부분은 클리셰한 상황을 당연하게 받아들인다. 더 이상 배우려고 하지 않는다.
그러나 이제 시대는 바뀌었다. 인공지능의 시대가 도래함으로써 인간 문명은 다른 어떤 시대보다 빠른 속도로 이동하고 있다. 이 시대를 따라잡지 않으면 온라인 세상에서 보다 나다운 삶을 구가할 기회를 박탈당할지도 모른다. 이제는 물리적으로 어느 공간에 있는

가보다 인터넷상에서 벌어지고 있는 상황들에 관심을 쏟지 않으면 곧 내가 어디에 있는지, 누구와 어울려야 하는지조차 몰라 길을 잃고 헤맬지도 모른다.

나는 아날로그라고 늘 생각해 왔다. 그래서 좀 더 느리게 걷고 천천히 생각해왔다. 그런데 어느 날 나를 들여다보니 물질 세상에서 물질 부족으로 숨을 못 쉬어 죽어 가고 있다. 나는 삶이 수행처라고 생각한다. 들숨과 날숨을 잘 들여다 볼 줄 안다. 내가 어디에 있고 무엇을 해야 행복한지도 안다. 하지만 물질 세상에서 한 달을 사는데 헉헉대고 있다면 그게 무슨 의미인가.

이제는 사람들이 지적인 것을 모두 바깥세상에 맡기고 있다. 내가 원하는 지식과 정보들은 모두 스마트폰 하나면 해결된다. 스스로의 힘으로 무언가를 하지 않아도 되는 세상이라고 생각하게 되었다. 하지만 과연 정말 그럴까.

08 블로거로 산다는 것

돈은 자신의 시간과 정성을 쏟은 무형자산에서 출발한다
-로버트 기요사키, 경제전문가

경험을 통해 성장하는 지구별 여행자

우리는 날마다 다양한 경험을 한다. 경험을 통해 날마다 우리는 무언가를 학습한다. 즉 경험이 우리 성장의 마중물이 되어야 한다. 다른 무엇보다 블로거로 산다는 것은 서로의 경험을 공유하면서 날마다 성장하고 있음을 의미한다. '타자는 나의 거울'이라고 본다면 블로그에서 만나는 무수한 '타자'들을 통해 나는 날마다 새로운 삶의 도구를 발견하는 것이 아닐까.

다양한 블로거들의 시각과 아이디어를 통해 다양한 관점에서 세상을 볼 수 있는 폭넓은 시야를 확보하고 나 또한 늘 새로운 아이디어를 창조해 내는 크리에이터가 되어 간다. 나의 경험을 이웃들이 공유하고 이웃들의 경험을 내가 공유함으로써, 다양한 의견과 피드백을 받으면서 개선의 기회를 얻고 성장의 마중물을 얻는다.

소통, 협력, 자기 계발의 장이 되는 블로그는 다양한 사람들과 물리적 공간의 제약을 초월해 연결됨으로써 나의 영향력이 확대된다. 블로그는 결론적으로 성장의 마중물이며 새로운 세상을 여는 문이다.

IT 세상에서 살아남기

챗GPT는 2022년 11월 30일에 세상에 태어났다. OpenAI에서 개발했다. 초기 버전인 GPT3.5 아키텍처를 기반으로 한 챗GPT는 사용자와 사람처럼 대화를 나누는 인공 지능 언어모델이다. 2022년 1월까지의 지식을 훈련한 데이터를 기반으로 우리에게 지식을 나누어 준다. 요즘에는 이를 보완하기 위해 업그레이드 방법들이 고안되고 있다.

Open AI는 이후로도 점점 발전된 모델과 기술을 도입해 사용자 경험을 향상시키고 있다. 자연어 처리 및 이해 능력의 향상, 다양한 주제에 대한 더 나은 대화 능력, 사용자의 요구에 더 신속하게 대응하게 될 것이다. 아직은 한글과 우리나라에 대한 정보가 완벽하지 않지만 점점 더 다양한 언어와 문화에 대한 이해도가 높아져 전세계 글로벌 사용자들에게 보다 유용한 도구로 발전할 것이다.

Open AI는 Open Artificial Intelligence의 약자로 인공지능(AI)연구와 개발을 목적으로 2015년에 설립된 기업이다. 이들의 목표는 더 강력하고 안전한 인공지능을 개발해 인류의 이익에 기여하고자 한다. 혁신적인 AI 기술과 모델을 개발해 다양한 분야에서의 응용 가능성을 탐구한다. 이들은 인공지능의 이익이 모든 사람에게 공평하게 돌아가고 인공지능의 개발 및 사용에 대한 윤리적인 측면을 고려하며 AI가 긍정적인 영향을 인간에게 주기를 바라고 있다.

이제 인공지능은 인간 대신에 생각하고 결론을 내리고 있다. 인공지능은 말 그대로 인간의 뇌를 기반으로 만들어졌다. 하지만 점점 인간을 중심에서 제외시킬지도 모른다는 위협을 느끼기도 한다. 인공지능의 발달로 인간의 자리가 더 좁아질지 모른다는 우려를 표명하는 사람들도 있다. 그럴 것이다. 하지만 어떤 직업은 사라질 것이고 그만큼 새로운 일자리가 생겨날 것이다.

그렇다면 챗GPT를 적극적으로 사용하고 있는가? 나의 경우 챗GPT가 나왔다는 게 신기했지만 활용할 생각을 하지 않고 있었다. 그런데 독자 한 분이 "작가님에게는 더 유용할 것 같아요. 부지런히 활용해 보세요?"라고 말해 주는 게 아닌가. 그래서 새로운 것에 대한 어색함과 불편함에 대한 고질적인 생각 습관을 버려야 한다고 생각한 뒤 챗GPT라는 앱을 찾아 '열기'를 눌렀다. 너무 쉽게 챗GPT는 나에게 왔다. 챗GPT의 구조는 매우 간단하다. 영어를 기반으로 하고 있지만 '한글로 말해 줘'라고 지시하면 모든 지식을 한글로 변환해 말해 준다. 문제는 챗GPT도 공부하는 중이기 때문에 완전한 지식을 갖고 있지 않다는 점이다. 나는 몇 번 챗GPT에게 질문하고 오류를 발견했다. 처음에는 인정하지 않다가 챗GPT는 자신의 실수를 인정하고 재학습한다. 이렇게 새로운 앱이나 도구가 나오면 적극적으로 학습해 내 무기로 만들어야 한다.

나는 블로그를 쓰거나 동영상을 만들 때 다양한 앱을 사용한다. 앱은 application의 준말로 소프트웨어 프로그램을 말한다. 모바일 기기나 컴퓨터 등 다양한 플랫폼에서 실행되는 응용프로그램이다. 일반적으로 사용자가 특정 작업을 수행하거나 정보에 접근하기 위해 설계되었다고 한다. 내가 사용하는 '블로'도 '글그램'도 '글씨팡팡'도 모두 앱이다. 앱은 참으로 다양하게 활용되고 있다.

   모바일 앱은 주로 스마트폰이나 태블릿 같은 모바일 기기에서 작동하는데 게임, 소셜 미디어, 생산성 도구, 은행 앱 등 참으로 다양하다. 데스크톱 앱이라면 주로 컴퓨터에서 실행된다. 앱은 사용자 경험을 강화하고 더 효율적으로 작업하거나 놀거나 소통할 수 있게 도와준다.

   우리의 일상 생활을 편리하게 만들어주는 중요한 소프트웨어를 자유롭게 활용할 수 있어야 한다. 배우는 것이 일상화된 시대에 접어들었다. 하나하나 느리지만 차분히 배우려고 하면 무엇이든 배울 수 있다. 속도는 느리지만 일단 배우고 나면 나의 무기가 된다. 예전에는 칼이나 총이 무기였다면 이제는 앱을 충분히 아는 것이 커다란 무기가 될 수 있다.

감성과 이성의 조화가 만들어내는 세상

   앞으로는 갈수록 감성지수가 중요해지는 세상이 될 것이다. 왜냐하면 인공지능이라는 초연결사회, 초지능사회가 되어갈수록 인간다운 감성은 더욱 절실하고 소중해질 것이기 때문이다. 말하자면 초지능사회가 되어갈수록 '인간성 회복'은 더 중요한 과제가 될 것이다. 인공지능은 지속적으로 발전할 것이다. 이에 따라 우리는 감성과 지성, 이성을 조화롭게 융합하는 방식으로 나아가야 한다. 이를 위해 몇 가지 자세와 가치가 요구된다.

첫째, 윤리적인 기술 개발과 활용이다.
인공지능의 발전은 윤리적인 측면에서 매우 주의가 요구된다. 기술을 개발하고 활용하는 방향이 인간의 가치와 윤리를 훼손하지 않고 안전하고 투명한 방향으로 나아갈 수 있어야 할 것이다.

둘째, 인간 중심의 기술 발전
기술은 인간의 삶을 보다 윤택하고 편리하게 만들기 위한 보조수단이어야 한다. 인간의 품격 높은 삶을 지원하는 방향으로 인공지능은 발달해야 한다.

셋째, 교육과 학습의 중요성 강조
미래에 우리가 만나게 될 새로운 기술과 환경에 대한 지속적인 학습과 교육이 선행되어야 한다. 70세 이후의 시니어 세대들이 기술로부터 소외되는 세상이 아니라 적극적으로 활용할 수 있도록 재교육이 필요하다. 감성적이고 창의적인 사고와 인공지능이 적절하게 결합 될 수 있어야 한다.

넷째, 사회적 연대와 협력 강화
인간다운 세상은 연대와 협력이 중요하다. 다양한 분야의 전문가들이 인간적인 세상이라는 공동의 목표 달성에 주도적으로 참여할 수 있는 사회 분위기를 조성해야 한다.

다섯째, 감성적 지능의 중요성 이해

인공지능 시대는 인간다운 세상을 만들기 위한 보조 수단이어야 한다. 인간의 삶의 질 향상을 위해 인공지능이 기능할 수 있어야 한다. 이를 추구하는 방향으로 갈 수 있도록 기술문명 발전의 방향키를 잘 잡아야 할 때이다.

진정성 있는 블로거 이웃으로 살기

사실 시간은 24시간으로 한정되어 있어서 날마다 모든 이웃들과 소통하기는 불가능하다. 블로그가 직장인 나 같은 경우에도 책 숲에 사는 때와 마찬가지로 시간이 분배되기 때문에 많은 이웃들과 '찐 소통'을 하기란 힘든 일이다. 하지만 장기적으로 볼 때 이웃들과 시간이 지날수록 서로에 대한 이해와 공감의 깊이가 질적으로 성장할 것을 믿는다.

내가 가진 두 가지 소통의 수단인 '책'과 '영어 회화'의 질적 수준을 높이는 것이 나의 블로그에 방문하는 이웃들을 위한 최고의 선물이라고 생각한다. '책'과 '영어 회화'를 분리시켜야겠다. 그래서 소통을 위한 깊이를 만들어가야겠다. 내가 쓰는 글은 누군가가 읽는다. 그것을 읽으면 서로의 감성이 모르는 사이에 아이비 덩굴처럼 서로에게 얽히게 된다. '공감(empathy)'이 형성된다. 그러면 이웃은 나의 거울 같은 존재가 된다. 나를 읽고 나를 이해하고 나를 공감하고 나의 편이 되어 준다.

최근 블로그 이웃 포지션님이 안부 글에 링크 하나를 남겨 놓았다. 들어가 읽어보니 종이책의 소멸에 관한 이야기였다. 나의 안부가 걱정된 것이다. 포지션님은 솔아북스출판사 책을 몇 권이나 읽고 포스팅하신 귀한 영혼이다. 기사는 2024년 1월 25일 입력된 데일리 굿 뉴스의 이새은 기자가 쓴 기사였다.

출판업계에 경고등이 켜졌다. 종이책 자리엔 스마트폰이 자리했다. 현대 사회에서 독서는 사치다. 독서인구는 감소하고 정부는 예산을 줄였다. 동네서점은 사라졌다. 종이책의 생태계는 소멸 일로일까. 단행본이 아닌 교육열에 기댄 실용 출판물로 수익성을 유지하는 출판시장은 2022년에는 전년보다 38.7%나 총 영업이익이 감소했다. 신간 발행 부수도 2019년 9,978만3,643부에서 2022년 7,291만992부로 떨어졌다. 교보문고, 영풍문고 같은 대형 서점은 물론 알라딘, 예스24 같은 온라인 서점도 경영 상황이 신통치 않다. 규모가 영세한 곳은 문 닫는 곳이 많다.

독서인구가 감소하는 것은 유튜브, 웹툰, OTT 플랫폼 등 대체재의 등장이 주요 원인이다. 여가 시간을 채울 콘텐츠가 넘치는 것이다. 통계청 조사로 2023년, 우리나라 13세 이상 인구 중 절반 넘는 수가 전혀 책을 읽지 않고 콘텐츠 시청은 85.9%의 응답율을 기록했다. 종잇값도 올랐다. 인쇄용지 가격이 상승했다. 수요는 줄고 공급 비용은 오르니 출판업계 재정은 악화 일로다. 정부는 올해 산업 지원 관련 예산을 429억 원으로 책정, 지난해보다 45억 감소했다. *

하지만 블로그 이웃들은 책을 읽는다. 블로그가 내게 매력적인 곳인 이유이다. 책을 외면하지 않는다. 내 블로그 이웃 중 많은 이들이 도서관에 가는 게 취미이다. 도서관에서 정기적으로 책을 빌려 읽는다. 아무리 책의 자리 대신에 편리한 시각 콘텐츠들이 자리 잡는다고 해도 책이 주는 무게감, 책의 효용, 책의 가치를 대신할 것은 없다. 그 많은 콘텐츠를 제대로 해석하기 위해서라도 책은 반드시 필요불가결한 요소일 것이다.

이렇게 출판업계의 불황을 먼저 걱정해주는 찐 이웃이 있으니 나는 행복하다. 제주의 벼리아방님, 인사동의 썬님, 산소쌤, 정쌤, 하루쌤, 칼림바쌤, 현숙강사님, 지행님, 역행님, 시미황님, 지유님, 인디캣님, 양모이님, 우주백수님, 에쓰님, 연나라님 등 많은 블로그 이웃들이 진정으로 내가 가는 길, 나의 선택을 존중하고 지지한다. 블로그에는 나를 성장시키는 찐 이웃들이 산다.

함께 성장하는 글로벌한 블로거들

최근 두 권의 전자책을 읽었다.

한 권은 블로그 이웃 양모이님의 전자책이다. 그는 2024년 1월 9일 딸의 두 번째 생일 선물로 이 책을 썼다. 20대 후반에 바닥에서부터 사회생활을 시작해 7년이 지났다. 아무것도 없이 시작해 대단한 자산가는 아니지만 나름대로 시스템을 구축했다. 이제는 시간을 통제할 만큼은 되었다. 그는 경제적으로도 열심히 공부하고 있다. 그러다 진정한 행복을 고민했고 더 큰 행복은 자신의 지속적인 성장이며 혼자가 아닌 '모든 이를 이롭게 하기 위한' 삶임을 깨달았다. 그는 경제적 자유를 얻었고 모든 이를 이롭게 하기 위한 과정으로 이 전자책을 혼자 힘으로 출간했다.

그는 프롤로그에서 "당신이 무엇을 원하든 기꺼이 내어줄 용의가 있다. 당신의 성장이 곧 나의 성장이기 때문에"라고 말하며 블로그 기술과 노하우가 아닌 자신의 경험과 시간, 인생철학을 파는 것이 이 책임을 안내한다.

그는 블로그의 씨앗은 '서로 이웃'과 '게시글'이라고 말한다. 블로그를 시작했다면 단기간에 성과를 쉽게 얻기를 기대하지 말고 지속적인 관심과 사랑을 주고 미래의 모습을 꾸준히 상상하라고 제시한다. 뭐든지 꾸준히 하면 성장하기 마련이니 처음부터 큰 기대하지 말고 성실과 노력이 가장 중요하다는 것이다.

인상적이었던 부분은 "공감과 댓글 없는 블로그로는 퍼스널 브랜딩에 성공할 수 없다. 한 명의 찐 이웃이 열 명이 되고 백 명이 된다."라는 문장이었다. 브랜딩이란 누군가의 마음속으로 들어가 감동을 줄 수 있을 때 가능해진다. 서로 동기부여를 할 수 있을 때 우리는 비로소 진정한 '서로 이웃'이 될 수 있다. 그는 이웃이 3,000명이 넘어가면 프로들을 만나고, 우리의 존재를 인식시키고, 팬덤을 형성시키자고 제안한다.

네이버 인플루언서나 마케팅 전문가가 되고 싶다면 최적화 블로그에 집중하고 작가나 퍼스널 브랜딩으로 영향력을 펼치고 싶다면 글쓰기 본질에 집중하라고 조언한다. 진정한 프로들을 만나 무료 강의, 유료 강의, 전자책 나눔, 유료 전자책 가릴 것 없이 모조리 흡수하라고 말한다. 상위 1%에 도달하기 위한 저자의 노력이 엿보이는 지점이다.

누구나 처음부터 프로가 될 수 없고 한 분야의 달인이 될 수는 없다. 양모이님의 블로그에 방문하면 그의 탄탄하고 성실한 글과 사유와 삶을 만날 수 있다. 성장은 함께 하는 것이므로 어떤 이웃과 함께 걸어가느냐는 매우 중요하다.

다른 전자책은 '6개월 만에 컴맹에서 상위 1% 블로거'가 되었다는 앤드오버님이다. 앤드오버님은 양모이님 전자책인 줄 알고 들어갔다가 만나게 된 블로거이다.
내가 놀라웠던 것은 2023년 3월의 앤드오버님은 40대 중반, 평범한 워킹맘으로 직장 23년 차, 결혼 생활 17년째였는데 인생의 폭풍이 몰아쳐 돈도 필요하고 아이들과 함께 할 시간도 필요하고 사는 것이 너무 힘들어 방법도 몰라 헤매던 때 네이버 블로그를 만났다는 사실이다. 아직 1년도 안 된 셈이다. 그런데 6개월 만에 컴맹에서 상위 1% 블로거가 되었다. 무료 강의도 듣고 몇십만 원짜리 블로그 강의도 열심히 들으면서 실천하고 자신만의 노하우를 만들어냈다. 이제는 상위 노출되는 키워드를 잘 잡아내는 '네이버 키잡이'가 되었다고 한다. 놀랍다. 우리가 만난 시점은 지금, 여기이다.

앤드오버님은 일단의 과정을 경험했고 이제는 블로그 강의를 '듣'는 사람에서 강의를 '하'는 사람으로 바뀌어 있다. 무료 강의를 진행한다고 해서 귀 기울여 들었다. 꽤 많은 블로거들이 줌으로 강의에 참여하였다. 그녀는 강의에서 서로 이웃 시스템을 알려주었고 글쓰기 자동화 과정을 알려주었다. 시간을 들이고 공을 들이되 진전이 없는 그런 낭비가 아닌 최적화 프로그램을 통해 어떻게 블로그를 성장시킬 수 있는지, 어떻게 수익화가 가능한지를 가르쳐주었다.

'선생'과 '스승'의 의미가 떠올랐다. 선생은 그저 지식을 가르치는 사람이다. 하지만 스승은 '깨달음'을 주는 사람이다. 나는 이 강의를 들으면서 몇 가지를 깨우쳤다. 느리고 더디지만 내가 바꿔나가야 할 것이 무엇인지 배웠다. 어쩌면 앤드오버님은 나의 블로그 스승이 되어 줄 것 같다. 배우고자 하면 스승이 나타나는 법이다. 기꺼이 배우고자 하라.

두 전자책 저자의 공통점이 있다. 이들은 부지런히 배우는 데 주저함이 없었다. 성장하고자 하는 절박함만큼 시간을 투자하고 열정을 투자해 노하우를 배웠다. 이 노하우가 나를 성장시키고 이것이 나의 자산이 되는 선순환 과정 속에 진입해 있었다.

그렇다면 나는 이들을 마중물 삼아 부지런히 배우고 적용하면서 나만의 노하우를 만들고 시스템이 될 수 있도록 움직여야 한다. 나는 느리게 움직인다. 디지털 세계에서는 더욱 그렇다. 내가 잘 활용하는 것들은 이제 손에 익어서 괜찮지만 인공지능이 너무 빠른 속도로 발달하고 있어서 그것을 제대로 활용하지 못하면 금세 뒤처지기 마련이다.

앤드오버님 강의를 들으면서 뤼튼, 빙, 마이크로 소프트 디자이너, 릴리스 AI, 블링, 가제트 AI 등 다양한 도구들을 알게 되었다.

내가 사용해 본 도구는 chatGPT 3.5 와 빙Bing뿐이었다. 지난번 3시간 블로그 강의를 들을 때도 놀랐지만 이런 인공지능 도구들을 다루지 못하면 앞서가는 게 불가능한 시대가 되었다. 적극적으로 배우고 적용하고 익히고 내 손에서 자유자재하게 다룰 수 있어야 한다.

글을 마치며…

블로그를 성장의 도구로 활용하자

블로그라는 SNS 공간에는 참 다양한 사람들이 모여 있다. 이 온라인 플랫폼은 다양한 형태의 커뮤니케이션이 가능하다. SNS는 전 세계 사람들을 무시간적으로 연결하고 소통을 촉진한다. 언어, 위치, 문화, 시공의 제약을 뛰어넘는 글로벌한 커뮤니케이션 공간이다. 사용자들은 다양한 관심사, 직업, 문화적 배경, 환경 등이 다르고 그 특성이 고스란히 반영되어 한편으로 다양하지만 다른 한편으로는 그들만의 리그를 형성하기도 한다.

다양한 시각과 다양한 경험이 유입되는 '용광로(melting pot)' 역할을 하면서 새로운 21세기형 문화를 형성하고 있다. 자신만의 공간에서 자신의 의견, 사진, 비디오 등을 자유롭게 공유한다. 지극히 개인적인 표현 공간이다. 정보나 소식, 이벤트, 트렌드 등이 전 지구적으로 실시간 업데이트되고 있다. 사용자들의 상호작용이 높아 인플루언서가 생기고 이들이 또 다른 사용자들에게 영향을 미치는 힘으로 작용하기도 한다.

특정 주제나 관심을 공유하는 그룹, 페이지, 해시태그 등을 활용, 특정한 사용자들이 특정한 커뮤니티를 형성하고 참여하면서 힘을 키워나가기도 한다. SNS 플랫폼은 사용자의 활동과 관심사를 기반으로 맞춤형 콘텐츠를 제공하는 알고리즘을 사용하므로 특정 '리그'의 형성을 촉진하거나 조장하기도 한다.

다양한 특성을 지닌 블로그라는 공간에서 나는 어떤 블로거가 되고 싶은 걸까.

나는 블로그를 성장의 공간으로 활용하고 싶다. 이 성장의 공간을 위해서는 다양한 팁들이 있다.

1. 나의 경험, 성장, 실패, 성공 등을 솔직하게 공유함으로써 소통을 강화하고 공감을 얻는 것. 좋다. 나에게 블로그는 일기장이다. 하루에 있었던 많은 일들을 기록하는 공간. 나의 경험을 공유하는 공간으로 활용하고 있다.
2. 블로그에 나의 목표와 계획을 공개하고 주기적으로 성장과 진전을 기록한다. 이렇게 하면 이웃들과 함께 성장 과정을 공유할 수 있다.
3. 다양한 주제를 다룬다. 성장은 다양한 측면에서 일어난다. 이 주제들은 나의 흥미와 전문성을 확장한다. 말하자면 내가 경험하는 모든 것들이 블로그의 주제가 될 수 있다. 일상을 깊게 볼 수 있는 계기가 될 수도 있다. 일상이 진부해지는 것은 관찰과 호기심, 흥미로부터 거세되었기 때문이다. 하지만 '다시 보기'를 통해 일상을 '재해석'할 수 있다면 일상은 그저 일상이 아니라 좋은 글감으로 발전할 수 있다.
4. 독서와 학습을 통해 성장한다. 그렇다. 독서는 우리를 정신적으로 성숙하게 만든다. 책을 읽는 행위는 습관이 되지 않았을 때는 기계적인 반사작용에 불과하겠지만 그렇더라도 독서는 내 일상의 일부가 되어야 하고 일생의 습관이 되어야만 한다. 독서와 더불어

학습하는 습관을 들인다. 이제는 모든 것을 새롭게 배워야 하는 시대가 되었다. 너무 빠르게 변화하고 있기 때문이다.

5. 커뮤니티에 적극적으로 참여한다. 블로그는 이웃들과의 교감을 통해 성장하는 플랫폼이다. 다른 블로거들과 적극적으로 교류하고 댓글에 대해 정성을 다해 답변하고 블로그 내에서 이루어지는 다양한 이벤트의 적극적인 참여를 통해 동반 성장하는 블로그로 만들어야 한다. 상생의 공간으로 만든다.

6. 목표 독자를 설정한다. 내가 지난해 5월부터 시작한 블로그 활동을 통해 배운 점이 바로 이 부분이기도 한데 책을 포스팅하면서 주로 책을 읽는 블로거들에게 이웃 신청을 하다가 어느 순간 다양한 이웃들이 들어오거나 신청을 하게 되었다. 그랬더니 이웃 수는 늘었지만 진정한 소통이 이루어지는 이웃들이 줄어들었다. 결국 글이란 소통의 수단이고 서로 소통할 수 있는 언어를 지닌 사람들끼리 만난다는 것은 상징적으로도 현실적으로도 참 중요하구나 라는 사실을 깨닫게 되었다. 그래서 앞으로 5,000명의 이웃들 중 복사된 댓글을 다는 이웃이나 날마다 같은 문장으로 인사하는 이웃, 날씨 이야기만 하는 이웃들은 정중히 사양해야겠다는 결론을 내렸다. 블로그 지수를 볼 때 중요한 지표 중 하나가 재방문율이고 30%를 유지하면 좋다고 한다. 그런데 어제 들어왔던 이웃이 오늘 안 들어온다는 것은 유대감, 공감 지수가 떨어지는, 의무적인 방문일 수 있기 때문이다.

7. 피드백을 수용한다. 피드백은 겸손히 받아들일 줄 알아야 한다. 물론 피드백을 하는 이웃도 정중한 표현을 사용해야 하고 공격을 위한 수단으로 피드백을 활용해서는 안 된다. 성장이 우리의 가장 큰 목표라면 경제적 성장, 정신적 성장, 지적 성장, 그리고 정서적

성장까지 모두 함께 인식하고 목표로 삼아야 한다.

퀘렌시아Querencia. 스페인어로 '안전한 곳' 혹은 '내가 가장 편안하게 느끼는 장소'를 뜻한다. 이제 블로그는 나에게 그런 장소이다. 언제나 내가 머물 수 있는 곳. 따뜻한 마음을 지닌 이들을 만날 수 있는 곳. 동질감을 지닌 이웃들과 함께 성장해 나가는 곳. 이제 20살이 된 네이버 블로그는 다양한 사람들이 모이는 핫 스팟이며 디지털 노마드들에게 꿈과 희망을 이룰 수 있는 베이스 캠프이며 놀이터이며 사업장이며 휴게소이며 카페이며 성장의 마중물이며 무한한 가능성의 장이다. 나는 이 무한한 가능성의 장을 현실 공간으로 탈바꿈시켜야 한다. 시스템을 만들어야 한다. 그래서 '블로그가 내 직장입니다'라는 선언이 무색하지 않게 나는 날마다 성장하는 중이다.

블로그는 놀이터이다. 메타유니버스 세상이 오고 있다. 인터넷 안에 거대한 세상이 구축되고 있다. 이곳에 나의 공간, 나의 퀘렌시아를 만들고 싶다면 블로그에 관심이 없다고 외면하지 말고 조금씩 관심을 가져야 할 때이다. 온라인 공간에서 함께하는 사람들이 많아지면 그들이 나의 이웃이 되고 동료가 되고 가족이 된다. 그들과 공감하고 소통하고 나누면서 성장한다. 시공간이 확대되어 전 세계 어디를 가더라도 만날 수 있는 이웃들이 늘어난다면 그 또한 행복한 일이겠다. 어디서나 폐쇄적인 사람들을 만나겠지만 블로그라는 공간은 열린 공간이므로 우리도 마음을 활짝 열고 세상을 적극적으로 배우고 소통하는 지구별 여행자로 살 일이다. 또 하나의 세상으로 초대한다.

※ 부록 : 이 책의 의미

 이 책은 8개월간 블로그에 집중하면서 조금씩 경험치를 늘려간 기록물이다. 블로그에서 책을 서평하고 애드 포스트 승인받고 서평단에 참여하고 체험단에 참여하면서 두 발로 경험한 실전기록물이다. 이 실전을 바탕으로 본격적인 수익화 방향을 잡을 수 있었다. 수익화 강의들을 보면 지금 나의 상태를 기준으로 어떻게 나의 것과 관심을 수익으로 연결시킬 것인가에 관한 기술적인 강의를 많이 한다. 준비가 되었을 때는 속도감이 남다를 것이다. 나는 서 말의 구슬을 가지고도 어떤 상품도 만들어 내지 못했다. 누구나 자신만의 강점이 있다. 수익화에 대해 고민하지 않는다면 이 책의 가치는 반감되겠지만 100세 시대에 이르러 어느 누구도 경제적 요구로부터 자유롭지 못할 것이다. 누구나 여유롭게 살고 싶지만 누구나 그렇게 살지는 못한다.

 나는 오랫동안 이유가 무엇일까 궁구해왔다. 나의 경우에 치명적인 문제점을 발견했는데 그것은 어제의 나를 단호하게 버리고 새로운 나를 만나는 것을 매우 두려워한다는 사실이었다. 미래에 대한 불안함과 실패에 대한 두려움이 길항한다. 이 길항 속에서 내가 선택한 지점이 나의 출발점임을 나는 이제 깨닫는다. 따라서 나는 앞으로는 실패에 대한 두려움을 기꺼이 껴안기로 했다. 미래에 대한 불안함을 희망으로 바꿔야 할 순간이 도래했기 때문이다. 용기 있는 자가 한 발 내디딜 수 있음을 깨달았다. 용기란 다른 사람보다 한 걸음 더 나아갈 수 있음을 의미한다는 사실을 배웠다.

이 책을 딛고 걸어갈 나의 길을 정리했다.

다양한 원데이 클래스를 진행한다.
1. 영어 발음 클래스
2. 5형식 기본 문장 클래스
3. 품사 클래스
4. 전치사 60개 연습 클래스
5. 문법 클래스
6. 영작 클래스
7. 영어성경 클래스
8. 영어일기 클래스
9. 영어 동화 클래스
10. 일주일분 공부 반복 응용 클래스

원데이 클래스를 진행하는 이유는 간단하다.
공부해야 할 필요성needs과 잘하고 싶다는 욕망desire이 동기motivation 부여가 되어 본격적으로 공부할 수 있게 분위기를 조성해야 하기 때문이다. 스스로 동기를 부여받으면 비로소 우리는 그 무거운 몸과 생각을 움직이기 시작한다. 조금씩 재미를 붙이고 습관이 되고 나면 속도가 붙기 시작한다. 그러면 장기적인 강의를 듣고 본격적으로 공부할 준비가 되었다고 볼 수 있다. 원데이 클래스를 기반으로 조금씩 공부에 대한 의욕이 분출하게 되면 다음 강의를 준비한다.

   1. 배운 문장을 기반으로 문장 만들기
   2. 알면 쉬운 영문법 기초
   3. 3개월 만에 영어 일기 쓰기
   4. 3개월 만에 영어 동화 읽기
   5. 3개월 영어 성경 직독 직해
등 체계적이고 장기적인 강의를 론칭한다.

글쓰기 강의를 진행한다.
   1. 글쓰기 초보를 위한 만만한 글쓰기
   2. 만다라 심리 치유 글쓰기
   3. 10인 글쓰기와 책 출판
등 체계적인 글쓰기 지도 후 솔아북스출판사를 통해 책을 출판하고 전자책을 론칭한다.

다양한 수익화 강의를 론칭한다.
   1. 유튜브 동영상 쉽게 만들기-블로VLLO 강의
   2. 미리 캔버스 기초 배워 썸네일 만들기
   3. 퍼널 마케팅으로 블로그 수익화 과정
   4. 아트 딜러 수익화 강의 등 내가 배웠던 것을 다시 강의를 통해 나누는 작업을 진행한다.

유튜브에 대한 계획도 성장 중이다.

1. 영어원서 오디오북 론칭

데미안, 어린 왕자 등 영어원서 오디오북을 만든다. 원어민 영어라는 환상을 깨고 정확한 딕션diction으로 한 의사소통 수단이 바로 언어라는 사실을 재인식하도록 안내한다.

2. 스티브 잡스 명언 등 다양한 쇼츠를 날마다 업로드한다. 암기의 힘을 재인식시킨다. 내 머릿속에 500개의 문장만 가지고 있다면 뇌는 조금씩 자동 발화하게 구조화된다. 쉬운 문장부터 조금씩 외워나갈 수 있게, 뇌력을 키우는 작업을 진행한다.

이를 기반으로 영어프로그램이 단단해지면 '클래스101'이나 '클래스유' 등에 '예스이지영어회화'를 론칭한다. 전국적으로 언제나 누구나 공부할 수 있는 시스템을 완성한다. 이 시스템이 완성되면 클래스101, 블로그, 유튜브, 인스타그램 등 다양한 방식의 공부방이 자리잡게 될 것이다.

1라운드는 열심히 성실하게 경험해왔다. 이 단단한 경험을 기반으로 이제 2라운드로 넘어와 온라인 강의를 본격적으로 론칭하고 수익화와 연결시키는 작업을 한다. 누구나 열심히 공부하지만 공부한 내용을 실전에 적용해 발품 팔며 뛰어다니면서 자신만의 노하우 know-how를 만들어내지는 못한다. 수많은 유료강의를 들으면서도 결국 내가 원하는 목표에 도달하지 못하는 것은 강의의 내용 문제가 아니라 그 내용대로 실천에 옮기지 못한 행동 부재의 결과물이라 해야 옳다.

Knowing is one thing, doing another.

'아는 것과 행하는 것은 결코 같지 않다. 아는 것이 100가지라도 행하는 것이 한 가지라면 진정으로 아는 게 아니다. 쪽팔리고 불안하고 창피하고 어딘가로 숨고 싶은 부단한 경험이 나를 단단한 존재로 만들 것이므로 나는 이 책을 기점으로 부단히 실패하고 부단히 경험하고 부단히 성장해 다음 책을 쓸 예정이다. 후속편을 기대하시라.

늘 함께해주시는 지구별 여행자들께, 이 글을 읽고 있는 모든 지구별 여행자님에게 감사드립니다.